AF346462

LÉGISLATION

DES

VINS & SPIRITUEUX

RÈGLEMENT D'ADMINISTRATION PUBLIQUE

SUR LES

DISTILLERIES DE MÉLASSES, VINS, FRUITS, ETC.

(Extrait de l'*Annuaire des Halles et Marchés*)

Prix : 2 francs

PARIS

BUREAUX DU *BULLETIN DES HALLES* (JOURNAL QUOTIDIEN)

29, RUE DE VIARMES, 29

SOMMAIRE DE L'ANNUAIRE DES HALLES ET MARCHÉS

Volume in-18 jésus, relié, 500 pages. — **Prix : 6 francs, envoi franco**

FARINES — GRAINS — GRAINES — LÉGUMES — FOURRAGES

Production, importation et exportation des céréales en année moyenne pour les principaux pays.

Récolte des céréales en France pendant les années 1861 à 1876 et récolte du froment par départements en 1876.

Emploi d'une récolte moyenne de céréales en France.

Rapport entre le prix du blé, le prix de la farine et du pain.

Rapport des mesures pour céréales de différentes provenances.

Principaux marchés aux grains et conditions de place.

Cours comparatifs du blé et de la farine pendant les campagnes 1875-76 et 1876-77.

Rendement moyen de 100 kilogrammes de blé.

Règlement des farines *huit-marques*.

Cours des farines *quatre, six* et *huit-marques*, pendant les 30 dernières années.

Commission des *farines supérieures* de Paris.

Procédé d'expertise agréé par la commission pour garantir la qualité des *farines supérieures de Paris*.

Chambre syndicale de la boulangerie de Paris.

Règlement du marché au blé, du marché au seigle et du marché aux avoines de Paris.

Récolte des céréales dans les principaux pays d'Europe.

Usages et conditions de la place de Rouen, de Marseille, de Berlin, etc.

Tableau de réduction du prix du blé aux 100 kilogr. d'après le prix des 75 kilogr., 76 kilogr., 80 kilogr., 120 kilogr., 165 kilogr. et 200 kilogr., et réciproquement.

Réduction des prix du sac de 157 kilogr. en quintaux métriques de 100 kilogr., et réciproquement.

Rapport du prix du sac de 157 kilog. avec le prix du quintal métrique.

Rapport du prix du quintal métrique ou des 100 kilogr. de seigle avec le prix du sac de 115 kilogrammes.

Rapport des prix en Angleterre avec les prix en francs et par 100 kilogr. pour le blé, l'orge, l'avoine et le maïs.

Rapport des prix des farines, du blé, du seigle, des sons et des pommes de terre cotés en Espagne en monnaie et aux poids de ces pays, avec les prix cotés en France en francs et aux 100 kilogrammes.

HUILES — GRAINES OLÉAGINEUSES — PÉTROLES — ESSENCES — SAVONS

Cours extrêmes et moyennes mensuelles de l'huile de colza et de lin à Paris, pendant les années 1875, 1876, et pendant les années 1863 à 1876.

Conditions du marché de Paris pour les huiles de colza.

Décret réglementant la vente et le magasinage des huiles et des essences minérales. Instructions de la Préfecture de police.

Transport des marchandises dangereuses, — décrets des 12 août 1874 et 31 juillet 1873.

Exercice des fabriques de savon.

Rapport entre le cours des graines oléagineuses cotées en Angleterre, et le prix en francs et aux 100 kilogr.

Exportation de pétrole des États-Unis, en 1873 et 1874.

ALCOOLS — VINS — VINAIGRE — CIDRE — POIRÉS — BIÈRES

Statistique des alcools en France pendant les campagnes 1865-66 à 1874-75.

Production des vins, alcools, cidres, poirés et bières, depuis 1859 jusqu'à 1873.

Consommation de l'alcool dans les principales villes.

Production des vins en France de 1869 à 1875, et dans les principaux pays du monde en 1874.

Exportation des vins français de 1859 à 1873.

Usages et conditions des alcools sur la place de Paris et de Lille.

Législation du commerce des vins et spiritueux.

Poids de l'alcool à différents degrés de l'alcoomètre.

Tables de corrections à l'alcoomètre.

Réductions des degrés Sykes en degrés Gay-Lussac, et réciproquement.

Mesures vinicoles usitées en France et dans les principaux pays.

Réduction du prix des vins en tonneaux aux prix du litre et de la bouteille.

Société des courtiers gourmets.

Densité de divers liquides et des principaux vins.

SUCRES — MÉLASSES

Production du sucre de betterave pendant les campagnes 1872-73 à 1876-77 et récolte moyenne du sucre de canne dans les principaux pays. Importation, exportation et consommation pendant les campagnes 1874-75 à 1876-77.

Législation, tarifs des douanes et tares.

Cours moyens mensuels à Paris pendant les campagnes 1872-73 à 1876-77.

Usages commerciaux et conditions de place pour les sucres indigènes et coloniaux à Paris, Saint-Quentin, Lille, le Havre, Marseille, Nantes et Bordeaux.

SUIFS — PRODUITS STÉARIQUES

Usages et conditions de la place de Paris.

Barème des prix à payer à la boucherie de Paris

et de province sur la cote officielle du suif à Paris.

Utilisation des produits de la boucherie.

RENSEIGNEMENTS DIVERS

Usages du commerce du Havre. — Lois sur les usages commerciaux. — Constatation du cours des marchandises. — Lois sur les warrants et sur les ventes publiques de marchandises en gros. — Loi sur les Sociétés. — Abréviations usitées dans le commerce. — Mesurage des bois à brûler. — Traités de navigation avec tous les pays étrangers. — Cahier des charges des adjudications du ministère de la guerre. — Bourse, halles et marchés de Paris. — Délais de publications légales pour les ventes immobilières. — Règlement et statuts du cercle commercial du Louvre. — Marché aux bestiaux de Paris. — Tarifs des Postes. — Union postale internationale. — Tarifs du Télégraphe. — Monnaies, poids et mesures en France et dans les principaux pays étrangers. — Tableau des distances entre les principales villes du monde. — Tarif des entrepôts.

LÉGISLATION
DES
VINS & SPIRITUEUX

LOI DU 1ᵉʳ SEPTEMBRE 1871.

AUGMENTATION DES IMPÔTS CONCERNANT LES CONTRIBUTIONS INDIRECTES.

ART. 1ᵉʳ. — Le droit de circulation sur les vins, cidres, poirés et hydromels sera perçu en principal et par chaque hectolitre, conformément au tarif ci-après :

Vins en cercles à destination des départements : première classe, un franc vingt centimes ; deuxième classe, un franc soixante centimes ; troisième classe, deux francs ; quatrième classe, deux francs quarante centimes ;

Vins en bouteilles, quel que soit le département, quinze francs.

Cidres, poirés et hydromels, un franc.

La « taxe de remplacement » perçue aux entrées de Paris sera portée en principal :

Sur les vins en cercles à huit francs cinquante centimes ; en bouteilles, à quinze francs.

Dans les autres villes rédimées, la « taxe de remplacement » sera révisée eu égard au nouveau droit de circulation.

ART. 2. — Le droit général de consommation par hectolitre d'eaux-de-vie et esprits en cercles, par hectolitres d'eaux-de-vie et esprits en bouteilles, de liqueurs et absinthes en cercles et en bouteilles et de fruits à l'eau-de-vie, est fixé à cent vingt-cinq francs en principal.

Les débitants établis dans les villes qui sont soumises à une taxe unique, les débitants établis en tous autres lieux et qui paient le droit général de consommation à l'arri-

vée, conformément à l'art. 41 de la loi du 28 avril 1832, seront tenus d'acquitter, par hectolitre, un complément de cinquante francs en principal, sur les quantités qu'ils auront en leur possession, à l'époque où les dispositions du présent article seront exécutoires et qui seront constatées par voie d'inventaire.

A dater de la même époque, la taxe « de remplacement » aux entrées de Paris sera portée à cent quarante-un francs en principal, par hectolitre d'alcool pur contenu dans les eaux-de-vie et esprits en cercles, par hectolitre d'eaux-de-vie et esprits en bouteilles, de liqueurs et absinthes en cercles et en bouteilles, et de fruits à l'eau-de-vie.

ART. 3. — Les vins présentant une force alcoolique supérieure à 15 degrés sont passibles du double droit de consommation, d'entrée ou d'octroi pour la quantité d'alcool comprise entre 15 et 21 degrés. Les vins représentant une force alcoolique supérieure à 21 degrés seront imposés comme alcool pur.

ART. 4. — Le droit à la fabrication des bières sera porté, pour la bière forte, à 3 fr. 60 l'hectolitre, décimes compris ; pour la petite bière, à 1 fr. 20.

ART. 5. — Les droits de 0 fr. 25 c. et de 0 fr. 40 c. actuellement perçus par chaque jeu de cartes à jouer seront..................................

ART. 6. — A partir du 1ᵉʳ octobre 1871, les droits de licence seront perçus d'après le tarif suivant, sur les assujettis qui y sont dénommés :

Débitants de boissons : dans les communes au-dessous de 4.000 âmes, 12 fr.; dans celles de 4.000 à 6.000

âmes, 16 fr.; dans celles de 6.000 à 10,000 âmes, 20 fr.; dans celles de 10.000 à 15.000 âmes, 24 fr.; dans celles de 15.000 à 20.000 âmes, 20 fr.; dans celles de 20.000 à 30.000 âmes, 32 fr.; dans celles de 30.000 à 50.000 âmes, 36 fr.; dans celles de 50.000 âmes et au-dessus (Paris excepté), 40 fr.

Brasseurs : Dans les départements de l'Aisne, des Ardennes, de la Côte-d'Or, de la Meurthe, du Nord, du Pas-de-Calais, du Rhône, de la Seine, de la Seine-Inférieure, de Seine-et-Oise et de la Somme, 100 francs ; dans les autres départements, 60 fr.

Bouilleurs et distillateurs de profession : dans tous les lieux, 20 fr.

Marchands en gros de boissons : dans tous les lieux, 100 fr.

—

LOI DU 28 FÉVRIER 1872

POUR LA RÉPRESSION DE LA FRAUDE SUR LES SPIRITUEUX

ART. 1er. — Les déclarations exigées avant l'enlèvement des boissons par l'art. 10 de la loi du 28 avril 1816 contiendront, outre les énonciations prescrites par ledit article, l'indication des principaux lieux de passage que devra traverser le chargement, et celle des divers modes de transport qui seront successivement employés, soit pour toute la route à parcourir, soit pour une partie seulement; à charge, en ce dernier cas, de compléter la déclaration en cours de transport.

Les contraventions aux dispositions du présent article seront punies de la confiscation des boissons saisies et d'une amende de 500 à 5.000 fr.

ART. 2. — Tout destinataire de boissons spiritueuses accompagnées d'un acquit-à-caution, et qui auront parcouru un trajet de plus de quatre myriamètres, sera tenu de représenter, en même temps que l'expédition de la Régie, les bulletins de transport, lettres de voitures et connaissements applicables au chargement.

A défaut de l'accomplissement de cette formalité, et dans le cas où il ne résulterait pas des pièces représentées que le transport des spiritueux a réellement eu lieu dans les conditions de la déclaration, les doubles droits, garantis par l'acquit-à-caution, deviendront exigibles, sans préjudice de toutes autres peines encourues par contraventions.

ART. 3. — Les acquits-à-caution délivrés pour le transport des boissons ne seront déchargés qu'après la prise en charge des quantités y énoncées, si le destinataire est assujetti aux exercices des employés de la Régie, ou le payement du droit, dans le cas où il serait dû à l'arrivée.

Les employés ne pourront délivrer de certificats de décharge pour les boissons qui ne seraient pas représentées ou qui ne le seraient qu'après l'expiration du terme fixé par l'acquit-à-caution, ni pour les boissons qui ne seraient pas de l'espèce énoncée dans l'acquit-à-caution.

Les marchands en gros ne pourront user du bénéfice de l'art. 100 de la loi du 28 avril 1816, qui leur permet de transvaser, mélanger et couper leurs boissons, hors de la présence des employés, que lorsque les boissons qu'ils auront reçues avec acquit-à-caution auront été vérifiées par le service de la Régie et reconnues entièrement conformes à l'expédition.

ART. 4. — Sont assujettis aux formalités à la circulation prescrites par le chapitre 1er, titre I de la loi du 28 avril 1816, les vernis, eaux de senteur, éther, chloroforme et toutes autres préparations à base alcoolique.

ART. 5. — Tous les employés de l'administration des finances, la gendarmerie, tous les agents des ponts et chaussées de la navigation et des chemins vicinaux, autorisés par la loi à dresser des procès-verbaux, pourront verbaliser en cas de contravention aux lois sur la circulation des boissons.

LOI DU 26 MARS 1872

CONCERNANT LA FABRICATION DES LIQUEURS ET LA PERCEPTION DU DROIT D'ENTRÉE SUR LES SPIRITUEUX.

ART. 1er. — Les liqueurs, les fruits à l'eau-de-vie et les eaux-de-vie en bouteilles seront taxés comme les eaux-de-vie et les esprits en cercles, proportionnellement à la richesse alcoolique.

ART. 2. — Le droit de consommation par hectolitre d'alcool pur contenu dans les liqueurs, les fruits à l'eau-de-vie et les eaux-de-vie en bouteilles, est fixé, en principal, à cent soixante-quinze francs (175 fr.) avec addition de deux centimes.

ART. 3. — L'absinthe, soit en bouteilles, soit en cercles, continuera d'être considérée comme alcool pur et sera passible du droit de cent soixante-quinze francs (175 fr.) en principal, et à Paris d'une taxe de remplacement de cent quatre-vingt-dix-neuf francs (199 fr.) également en principal.

ART. 4. — La préparation concentrée connue sous le nom d'essence d'absinthe ne sera plus fabriquée et vendue qu'à titre de substance médicamenteuse. Le commerce de ladite essence et sa vente par les pharmaciens s'effectueront conformément aux prescriptions des titres I et II de l'ordonnance royale du 29 octobre 1846.

Toute contravention aux prescriptions dudit article sera punie des peines portées en l'art. 1er de la loi du 17 juillet 1845.

ART. 5. — Le droit d'entrée par hectolitre d'alcool pur que contiennent ou que représentent les spiritueux quelconques, les préparations alcooliques quelconques, est fixé, en principal, ainsi qu'il suit :

Dans les communes ayant une population agglomérée de

4.000 âmes à 6.000	6 f.
6.000 âmes à 10.000	9
10.000 âmes à 15.000	12
15.000 âmes à 20.000	15
20.000 âmes à 30.000	18
30.000 âmes à 50.000	21
50.000 âmes et au-dessus....	24

ART. 6. — Le droit de remplacement aux entrées de Paris, en principal, par hectolitre d'alcool pur :

Pour les eaux-de-vie et esprits en cercles, droit de consommation et droit d'entrée, à cent quarante-neuf francs (149 fr.) ;

Pour les liqueurs, les fruits à l'eau-de-vie et les eaux-de-vie en bouteilles, droit de consommation et droit d'entrée, avec addition de deux décimes, à cent quatre-vingt-dix-neuf francs (199 fr.).

ART. 7. — Dans les magasins des fabricants et marchands en gros, les liqueurs, les fruits à l'eau-de-vie et les eaux-de-vie en bouteilles devront être rangées distinctement par degré de richesse alcoolique. Des étiquettes indiqueront d'une manière apparente le degré alcoolique.

Quels que soient l'expéditeur et le destinataire, les déclarations d'enlèvement relatives aux liqueurs, aux fruits à l'eau-de-vie et aux eaux-de-vie en bouteilles énonceront leur degré alcoolique, lequel sera mentionné dans les acquits-à-caution, congés et passavants délivrés par la Régie.

ART. 8. — Relativement aux eaux-de-vie et esprits en nature qu'ils voudront expédier en cercles, les marchands en gros, liquoristes, ne pourront faire d'expéditions qu'en futailles contenant au moins vingt-cinq litres.

Ces expéditions, qui auront lieu en présence des employés, devront être déclarées quatre heures d'avance dans les villes, et douze heures dans les campagnes.

Art. 9. — Les liquoristes marchands en gros seront tenus de payer immédiatement les droits spéciaux à l'alcool contenu dans les liqueurs et fruits à l'eau-de-vie, pour toutes les quantités d'alcool reconnues manquantes dans leurs ateliers de fabrication au delà des déductions allouées pour outillage et coulage, et réglées conformément aux dispositions de l'art. 7 de la loi du 20 juillet 1837.

Art. 10. — Toute fausse indication, toute fausse déclaration relativement à la richesse alcoolique des liqueurs, des fruits à l'eau-de-vie et des eaux-de-vie en bouteilles, ainsi que toute autre contravention à la présente loi, sera punie d'une amende de cinq cents francs à cinq mille francs (500 fr. à 5.000 fr.), indépendamment de la confiscation des boissons.

Toute introduction clandestine d'eaux-de-vie ou d'esprits chez les liquoristes donnera lieu à l'application de ces pénalités, non-seulement contre les liquoristes eux-mêmes, mais encore contre les individus qui auront sciemment fourni les eaux-de-vie ou esprits.

L'administration pourra appliquer à ceux qui auront subi les condamnations ci-dessus énoncées, le régime suivant :

Les eaux-de-vie et esprits destinés à la fabrication des liqueurs et fruits à l'eau-de-vie devront être emmagasinés dans des locaux distincts, n'ayant aucune communication intérieure avec les autres magasins affectés aux eaux-de-vie et esprits en nature.

Art. 11. — Les liquoristes débitants restent assujettis aux dispositions du chapitre 3 du titre Ier de la loi du 28 août 1816, sous la modification prononcée par la présente loi, quant au droit de consommation porté à cent soixante-quinze francs (175 fr.) en principal par hectolitre d'alcool employé à la fabrication des liqueurs.

LOI DU 2 AOUT 1872

SUR LES BOUILLEURS DE CRU.

Art. 1er. — Tout détenteur d'appareils propres à la distillation d'eaux-de-vie ou d'esprits est tenu de faire au bureau de la Régie une déclaration énonçant le nombre et la capacité de ses appareils.

Art. 2. — Les bouilleurs et distillateurs qui mettent en œuvre des vins, cidres, poirés, marcs, lies, cerises et prunes provenant exclusivement de leur récolte, demeurent exempts de la licence; ils sont affranchis du payement de l'impôt général sur les eaux-de-vie et esprits produits et consommés sur place, dans la limite de quarante litres d'alcool par année, et ils cessent d'être soumis aux visites et vérifications des employés de la Régie dès qu'ils n'ont plus en compte que de l'alcool exempt ou libéré de l'impôt. Sous ces réserves, la législation relative aux distillateurs de profession est rendue applicable aux bouilleurs de cru.

Art. 3. — Les vins qui seront connus comme présentant naturellement une force alcoolique supérieure à 15° seront marqués au départ chez le récoltant expéditeur, avec mention sur l'acquit-à-caution, et seront affranchis des doubles droits de consommation, d'entrée et d'octroi.

Art 4. — Les alcools dénaturés de manière à ne pouvoir être consommés comme boissons, seront soumis, en tous lieux, à une taxe spéciale dite de dénaturation, dont le taux est fixé, en principal, à 30 francs par hectolitre d'alcool pur. Le droit d'octroi sur les alcools dénaturés ne pourra pas excéder le quart du droit du trésor.

Art. 5. — Le comité des arts et manufactures déterminera, pour chaque branche d'industrie, les conditions dans lesquelles la dénaturation des alcools devra être opérée en présence des employés de la régie.

Art. 6. — La disposition de la loi du 21 avril 1832, qui oblige les distillateurs et les marchands en gros établis dans les villes à présenter une caution solvable, qui s'engage solidairement avec eux à payer les droits constatés à leur charge, est rendue applicable pour les taxes générales et locales à tous les distillateurs de profession, et à tous les marchands en gros indistinctement. La même obligation pourra être imposée par la Régie aux personnes qui, faisant le commerce en détail des eaux-de-vie, esprits et liqueurs, auraient en leur possession plus de dix hectolitres d'alcool.

Art. 7. — Les contraventions à la présente loi et toutes autres contraventions qui, se rapportant à la distillation ainsi qu'au commerce en gros et en détail des spiritueux, donnent lieu maintenant à l'application des articles 95, 96, 106 et 143 de la loi du 28 avril 1816, seront frappées des peines édictées par l'art. 1er de la loi du 28 février 1872.

Art. 8. — Tout acquit-à-caution devra porter l'indication des substances avec lesquelles ont été fabriqués les produits qu'il accompagnera, et l'acquit délivré sera sur papier blanc pour les alcools de vin, sur papier rouge pour les alcools d'industrie, et sur papier bleu pour les mélanges.

Les propriétaires, fermiers, expéditeurs et destinataires pourront, avec l'autorisation du juge de paix, prendre connaissance sur place des livres et registres de la Régie des contributions indirectes.

Il est dû un droit de recherche de 1 franc par compte communiqué.

DÉCRET DU 26 SEPTEMBRE 1872
SUR LA DÉDUCTION DES ALCOOLS.

Art. 1er. — Les déductions à allouer annuellement aux marchands en gros et autres entrepositaires pour ouillage, coulage, soutirage, affaiblissement de degrés, et pour tous autres déchets sur les alcools et liqueurs, tant en cercles qu'en bouteilles, seront uniformément calculées dans toute la France à raison de 7 p. 100.

Art. 2. — La disposition qui précède aura son effet à partir du 1er janvier 1873.

LOI DU 21 JUIN 1873
PORTANT DIVERSES RÉGLEMENTATIONS.

Art. 1er. — Les agents de l'administration des contributions indirectes pourront prêter serment et exercer leurs fonctions à partir de l'âge de vingt ans.

Art. 2. — Est étendu aux gardes-champêtres le pouvoir donné par l'article 5 de la loi du 28 février 1872 aux agents qu'il énumère, de verbaliser en cas de contravention aux lois sur la circulation des boissons.

Art. 3. — Les procès-verbaux dressés par les agents des contributions indirectes seront affirmés par deux verbalisants, dans les trois jours de la clôture de l'acte, devant l'un des juges de paix établis dans le ressort du tribunal, qui doit connaître le procès-verbal, ou devant l'un des suppléants de ce juge de paix. L'affirmation énoncera qu'il en a été donné lecture aux affirmants.

Art. 4. — Les procès-verbaux dressés avec l'accomplissement des formalités indiquées par les articles 21 à 24 du 1er germinal an XIII, par deux des employés des contributions indirectes, dont l'un sera majeur, des douanes ou des octrois, et affirmés par eux, conformément à l'article précédent, feront foi en justice, jusqu'à inscription de faux, conformément à l'article 26 du décret précité.

Art. 5. — Lorsqu'un procès-verbal constatant une contravention à la circulation des boissons aura été dressé par un où plusieurs des autres agents, autorisés par la loi à verbaliser suivant les formes propres à l'administration ou aux services auxquels ils appartiennent, ou bien encore par un seul des employés des contributions indirectes, il ne fera foi en justice, que jusqu'à preuve contraire, conformément aux articles 154 et suivants du Code d'instruction criminelle.

Art. 6. — Tout transport de spiritueux sans expédition ou avec une expédition inapplicable, donnera lieu aux pénalités édictées par l'article 1er de la loi du 28 février 1872.

Les déclarations d'enlèvement d'alcools et spiritueux devront porter la contenance de chaque fût et le degré, avec un numéro correspondant à celui placé sur le fût.

Le dépotoir cylindrique à échelle, de même que tout dépotoir dont l'exactitude aura été constatée par les vérificateurs des poids et mesures, sera désormais placé au nombre des mesures légales et poinçonné par lesdits vérificateurs.

Art. 7. — Les contraventions auxquelles se réfèrent les articles 19 et 96 de la loi du 28 février 1816, le second alinéa de l'article 106 de ladite loi et le second alinéa de l'article 1er de la loi du 27 février 1872, donneront lieu dorénavant, lorsqu'elles auront pour objet des vins, cidres, poirés et hydromels, à l'application d'une amende de 200 fr. à 1.000 fr., indépendamment de la confiscation des boissons saisies.

En cas de récidive, l'amende ne pourra pas être inférieure à 500 francs.

Une tolérance de 1 p. 100, soit sur la contenance, soit sur le degré, est accordée aux expéditeurs sur leurs déclarations d'alcools, spiritueux, vins, cidres, poirés et hydromels; mais les quantités reconnues en excédant seront prises en charge au compte du destinataire.

Art. 8. — Si le certificat de décharge d'un acquit-à-caution n'est pas représenté, l'action de la régie contre l'expéditeur devra être intentée, sous peine de déchéance, dans le délai de quatre mois, à partir de l'expiration du délai fixé pour le transport.

Art. 9. — Toute personne convaincue d'avoir sciemment recélé dans des caves, celliers, magasins ou autres locaux dont elle a la jouissance, des boissons qui auront été reconnues appartenir à un débitant, à un marchand en gros, à un distillateur ou à un bouilleur, sera punie des peines portées par l'article 7 de la présente loi ou par l'article 1er de la loi du 28 février 1872, suivant les cas, sans préjudice des peines encourues par l'auteur de la fraude.

Art. 10. — Les soumissionnaires des acquits-à-caution délivrés pour le transport des vins contenant plus de 15 p. 100 d'alcool, s'obligeront à payer, à défaut de justification de la décharge de ces acquit-à-caution :

1° Le sextuple droit de circulation sur le volume total du liquide imposable comme vin ;

2° Le quadruple droit de consommation sur la quantité d'alcool comprise entre 15 et 21 centièmes.

Cette disposition n'est pas applicable aux vins qui, présentant naturellement une force alcoolique supérieure à quinze degrés, sans dépasser dix-huit degrés, sont expédiés directement par les propriétaires récoltants.

Art. 11. — Les contraventions constatées en matière de boissons aux entrées de Paris et Lyon et qui constituent une fraude, soit au droit général de consommation sur les alcools ou spiritueux, soit au droit de circulation sur les vins, cidres, poirés ou hydromels, en même temps qu'au droit d'entrée compris dans la taxe unique, dite de *remplacement*, sont passibles de la double amende fixée par l'article 46 de la loi du 28 avril 1816 et par les articles 6 et 7 de la présente loi, sans préjudice des pénalités d'octroi et des autres peines spéciales à la récidive et aux cas de fraude par escalade, par souterrain ou à main armée, prévus par le deuxième paragraphe de l'article 46 de la loi du 28 avril 1816.

ART. 12. — En cas de fraude dissimulée sous vêtements, ou au moyen d'engins disposés pour l'introduction ou le transport frauduleux d'alcools ou de spiritueux, soit à l'entrée, soit dans un rayon d'un myriamètre, à partir de la limite de l'octroi pour les villes de cent mille âmes et au-dessus, et de cinq kilomètres pour les villes au-dessous de cent mille âmes, d'un lieu sujet au droit d'entrée, les contrevenants encourront une peine correctionnelle de six jours à six mois d'emprisonnement.

Seront considérés comme complices de la fraude et passibles comme tels des peines ci-dessus, tous individus qui auront concerté, organisé ou sciemment procuré les moyens à l'aide desquels la fraude a été commise ; ceux qui, soit à l'intérieur du lieu sujet, soit à l'extérieur, dans les limites du rayon indiquées au paragraphe précédent, auront formé, ou sciemment laissé former dans leurs propriétés ou dans les locaux tenus par eux à location, des dépôts clandestins destinés à opérer le vidage ou le remplissage des engins de fraude.

ART. 13. — Dans les cas de fraudes prévues par l'article précédent et par les lois antérieures, les transporteurs ne seront pas considérés, eux et leurs préposés ou agents, comme contrevenants, lorsque, par une désignation exacte et régulière de leurs commettants, ils mettront l'administration en mesure d'exercer des poursuites contre les véritables auteurs de la fraude.

ART. 14. — La pénalité ci-dessus de six jours à six mois d'emprisonnement sera appliquée aux contrevenants qui, contrairement à la prohibition de l'article 10 de la loi du 22 mai 1822 et de l'ordonnance royale du 20 juillet 1825, auront fabriqué, distillé, revivifié à l'intérieur de Paris ou de toute autre localité soumise au même régime prohibitif, des eaux-de-vie ou esprits, ou revivifié des alcools dénaturés préalablement introduits, avec payement de la taxe réduite.

ART. 15. — Dans les cas prévus par les articles 12 et 14 de la présente loi, et dans ceux prévus par l'article 46 de la loi du 28 avril 1816, les procès-verbaux constatant les contraventions seront transmis au procureur de la République et déférés aux tribunaux compétents. Dans ces divers cas, le droit de transaction ne pourra s'exercer qu'après le jugement rendu et seulement sur le montant des condamnations pécuniaires prononcées.

Dans tous ces mêmes cas où la peine d'emprisonnement est prononcée par la loi contre les délinquants, les tribunaux pourront appliquer, mais seulement en ce qui concerne cette peine d'emprisonnement, l'article 463 du Code pénal.

ART. 16. — Dans les villes sujettes au droit d'entrée ou à la taxe unique, les envois de boissons à l'intérieur du lieu sujet par des marchands en gros, des distillateurs, des liquoristes marchands en gros, à d'autres commerçants des mêmes catégories, devront toujours être déclarés au moins deux heures avant l'heure indiquée pour l'enlèvement.

La régie est autorisée à désigner dans chacune de ces villes, selon les besoins de son service, un ou plusieurs bureaux où les déclarations de ces envois devront être faites à l'exclusion de tous autres.

ART. 17. — Sauf les cas de franchise prévus par la loi, le droit de circulation fixé à 15 francs par hectolitre, en principal, pour les vins en bouteilles, sera appliqué à toute quantité quelconque que les marchands en gros, les débitants ou les récoltants, quel que soit le régime de perception dans le lieu de leur domicile, expédieront à des consommateurs en tous lieux, ou à des débitants établis dans une ville à taxe unique.

Sont abrogées, en ce qui concerne exclusivement les vins en bouteilles, les dispositions de l'article 102 de la loi du 28 avril 1816 et de l'article 16 du décret du 17 mars 1852.

. . . .

ART. 25. — Les contraventions à la présente loi, ainsi qu'aux règlements d'administration publique rendus pour l'exécution de la loi du 4 septembre 1871, en ce qui concerne le papier et la chicorée, seront punis des peines portées à l'art. 5 de la loi du 4 septembre 1871.

Délibéré en séance publique à Versailles, le 21 juin 1873.

LOI DU 30 DÉCEMBRE 1873

PORTANT ÉTABLISSEMENT DE TAXES ADDITIONNELLES AUX IMPOTS INDIRECTS.

ARTICLE PREMIER. — Sont établis à titre extraordinaire et temporaire les augmentations d'impôts et les impôts énumérés dans la présente loi.

ART. 2. — Il est ajouté aux impôts et produits de toute nature déjà soumis aux décimes par les lois en vigueur :

5 p. 100 du principal sur les impôts et produits dont le principal seul est déterminé par la loi, ainsi que pour les amendes et condamnations judiciaires.

. . . .

ART. 6. — Les augmentations de droits établis par les articles précédents sont applicables à partir de la promulgation de la présente loi.

Ces augmentations de droits doivent être acquittées sur les quantités, même libérées, des impôts antérieurs, existant à cette époque dans les fabriques ou magasins ou dans tout autre lieu, en la possession des fabricants, raffineurs et commerçants.

Les quantités seront reprises par voie d'inventaire.

. . . .

LOI DU 30 DÉCEMBRE 1873

AYANT POUR OBJET D'ÉLEVER LES DROITS D'OCTROI SUR LES ALCOOLS DANS LA BANLIEUE DE PARIS.

ARTICLE PREMIER. — A partir de la promulgation de la présente loi, et jusqu'au 31 décembre 1876 inclusivement, le droit d'octroi sur les alcools, dans la banlieue de Paris, sera perçu conformément au tarif ci-après :

Alcool pur contenu dans les eaux-de-vie, esprits, liqueurs et fruits à l'eau-de-vie, en principal, par hectolitre, 66 fr. 50.

Absinthe (volume total), en principal, par hectolitre, 66 fr. 50.

ART. 2. — La moitié des produits de la perception sera répartie, à la fin de chaque mois, entre les communes situées dans la banlieue, en proportion de leur population respective.

La deuxième moitié sera répartie, jusqu'à concurrence des deux tiers, entre lesdites communes, au prorata de la part attribuée à chacune d'elles dans les dépenses de police, par application de l'article 3 de la loi du 10 juin 1853.

LOI DU 31 DÉCEMBRE 1873

ÉTABLISSANT UNE AUGMENTATION D'IMPOT SUR LES BOISSONS.

ARTICLE PREMIER. — Le coût des acquits-à-caution et passavants de toute sorte est élevé à 50 centimes, y compris le timbre.

ART. 2. — Le droit d'entrée sur les vins, cidres, poirés et hydromels est perçu conformément au tarif ci-après :

POPULATION agglomérée DES COMMUNES.	DROIT EN PRINCIPAL PAR HECTOLITRE DE VIN EN CERCLES ET EN BOUTEILLES DANS LES DÉPARTEMENTS.				DROIT en principal par hectolitre de cidre, poiré et hydromel
	de 1re classe	de 2e classe	de 3e classe	de 4e classe	
De 4.000 à 6.000........	» 45	» 60	» 75	» 90	» 40
6.001 10.000........	» 70	» 90	1 15	1 35	» 60
10.001 15.000........	» 90	1 20	1 50	1 80	» 75
15.001 20.000........	1 15	1 50	1 90	2 25	1 »
20.001 30.000........	1 35	1 80	2 25	2 70	1 15
30.001 50.000........	1 60	2 10	2 65	3 15	1 35
50.000 et au-dessus...	1 80	2 40	3 »	3 60	1 50

La taxe de remplacement perçue aux entrées de Paris est portée en principal, par hectolitre :

Pour les vins en cercles, à. 9 50
Pour les vins en bouteilles, à 16 »
Pour les cidres en cercles et
en bouteilles, à............. 4 75

Dans les autres villes rédimées, la taxe de remplacement est accrue du montant de l'élévation des droits d'entrée.

ART. 3. — A moins qu'une loi speciale n'en décide autrement, les taxes d'octroi sur les vins, cidres, poirés et hydromels ne peuvent excéder de plus d'un tiers les droits d'entrée perçus par le Trésor public.

Dans les communes de moins de 4,000 âmes, les taxes d'octroi peuvent atteindre, mais non dépasser, la limite fixée pour les communes de 4,000 à 6,000 âmes.

LOI DU 4 MARS 1874

CONCERNANT LES ALCOOLS DÉNATURÉS ET LES BOUILLEURS DE CRU.

ART. 20. — Les alcools dénaturés sont soumis à la taxe de 30 fr. énoncée en l'art. 4 de la loi du 2 août 1872, et aux décimes et demi-décimes établis par les lois ultérieures, « quel que soit le lieu de leur fabrication et alors même qu'ils seraient fabriqués dans les établissements où ils doivent être employés pour les usages industriels auxquels on les destine. »

ART. 21. — La quantité de 40 litres d'alcool par année, pour laquelle l'affranchissement du droit général de consommation est accordé aux bouilleurs et distillateurs par l'art. 2 de la loi du 2 août 1872, est réduite à 20 litres.

ART. 22. — Un règlement d'administration publique déterminera les mesures nécessaires pour assurer la perception de l'impôt dans les distilleries, chez les dénaturateurs d'alcool, et relativement aux versements d'alcool sur les vins.

Les contraventions aux dispositions de ce règlement sont passibles des peines édictées par l'article 1er de la loi du 28 février 1872.

LOI RELATIVE

A L'ÉTABLISSEMENT ET A LA RÉVISION DES TAXES UNIQUES

DANS LES AGGLOMÉRATIONS DE 10.000 AMES ET AU-DESSUS

ARTICLE PREMIER. — A partir du 1er juillet 1875, le régime de l'exercice des débits de boissons cessera d'être appliqué dans toutes les agglomérations de 10.000 âmes et au-dessus, et les droits d'entrée et de détail, sur les vins, cidres, poirés et hydromels, y seront, par nature de boisson, convertis en une taxe unique, payables à l'introduction dans le lieu sujet ou à la sortie des entrepôts intérieurs. Cette taxe unique sera fixée d'après les bases et dans les conditions déterminées par les lois des 21 avril 1832 et 25 juin 1841.

ART. 2. — Les débitants des agglomérations où la taxe unique sera établie, seront tenus d'acquitter les nouveaux droits ou suppléments de droits sur toutes les quantités qu'ils auront en leur possession au moment du changement de régime.

ART. 3. — Les tarifs des villes déjà rédimées seront immédiatement révisés d'après les prix moyens de la vente en détail dans l'arrondissement, durant les années 1872-1873-1874.

ART. 4. — Le tarif de la taxe unique sera révisé périodiquement dans toutes les villes rédimées, d'après le prix moyen de la vente en détail et d'après les quantités vendues par les débitants.

Le prix moyen de la vente en détail sera celui constaté dans l'arrondissement pendant les trois dernières années.

Les quantités vendues par les débitants seront celles relevées d'après les expéditions et sur les registres des contributions indirectes, en prenant la moyenne des trois dernières périodes annuelles.

ART. 5. — La première révision périodique des taxes uniques, prescrites par l'article précédent, aura lieu à la fin de l'année 1878, et les nouveaux tarifs en résultant seront appliqués à partir du 1er janvier 1879.

Des révisions auront lieu ensuite successivement, de cinq ans en cinq ans.

ART. 6. — Les vins, cidres, poirés et hydromels, expédiés du dehors à destination des villes placées sous le régime de la taxe unique, ne pourront circuler qu'en vertu d'acquits-à-caution.

ART. 7. — Les dispositions des lois du 21 avril 1832 et du 25 juin 1841, qui ne sont pas contraires à celles qui précèdent, sont maintenues et rendues applicables aux villes placées sous le régime de la taxe unique par application de la présente loi.

Lo du 14 juin 1874.

Liste, par départements, des villes soumises au régime dit de la taxe unique par la loi du 9 juin dernier

Ain : Bourg, 10,647 habitants.
Aisne : Saint-Quentin, 32,664.
Allier : Montluçon, 18,951 ; Moulins, 17,836.
Alpes-Maritimes : Nice, 42,363.
Ardèche : Annonay, 15.052.
Ardennes, Charleville, 11,410 ; Sedan, 13,501.
Aube : Troyes, 35,901.
Aude : Carcassonne, 18,396 ; Narbonne, 12,590.
Aveyron : Milhau, 13,804.
Bouches-du-Rhône : Aix, 18,905 ; Arles, 15,120 ; Marseille, 218,763.
Calvados : Caen, 32,999 ; Lisieux, 12,152.
Charente : Angoulême, 22,109 ; Cognac, 12,761.
Charente-Inférieure : Rochefort, 21,564 ; La Rochelle, 16,462.
Cher : Bourges, 22,654.
Corrèze : Tulle, 10,842.
Corse : Ajaccio, 13,580 ; Bastia, 15,580.
Côte-d'Or : Beaune, 10,100 ; Dijon, 36,697.
Côtes-du-Nord : Saint-Brieuc, 10,718.
Dordogne : Périgueux, 19,408.
Doubs : Besançon, 33,158.
Drôme : Valence, 14,087.
Eure : Louviers, 10,189.
Eure-et-Loir : Chartres, 16,977.
Finistère : Brest, 50,833 ; Morlaix, 11,536 ; Quimper, 11,202.
Gard : Alais, 15,384 ; Nîmes, 55,448.
Garonne (Haute-) : Toulouse, 100,582.
Gironde : Bordeaux, 194,000 ; Libourne, 14,456.
Hérault : Béziers, 27,533 ; Cette, 24,103 ; Montpellier, 46,523.
Ille-et-Vilaine : Rennes, 40,127.
Indre : Châteauroux, 14,893 ; Issoudun, 11,090.
Indre-et-Loire : Tours, 38,511.
Isère : Grenoble, 28,663 ; Vienne, 19,844.
Loir-et-Cher : Blois, 14,496.
Loire : Roanne, 18,251 ; Rive-de-Gier, 13,389 ; Saint-Étienne, 80,526.
Loire (Haute-) : Le Puy, 15,990.
Loire-Inférieure : Nantes, 106,287 ; Saint-Nazaire, 11,498.
Loiret : Orléans, 45,205.
Lot : Cahors, 11,416.
Lot-et-Garonne : Agen, 15,752.
Maine-et-Loire : Angers, 51,525 ; Cholet, 11,328 ; Saumur, 11,028.
Manche : Granville, 11,574 ; Cherbourg 26,141.

Marne : Châlons-sur-Marne, 15,186 ; Epernay, 12,628 ; Reims, 69,837.
Mayenne : Laval, 22,113.
Meurthe-et-Moselle : Lunéville, 11,929 ; Nancy, 50,154.
Meuse : Bar-le-Duc, 14,664.
Morbihan : Lorient 24,085 ; Vannes, 11,449.
Nièvre : Nevers, 19,314.
Nord : Cambrai, 19,156 ; Douai, 18,341 ; Dunkerque, 32,314 ; Armentières, 17,831 ; Lille, 144,165 ; Roubaix, 67,775 ; Tourcoing, 30,004 ; Denain, 10,430 ; Valenciennes, 19,609.
Oise : Beauvais, 13,532 ; Compiègne, 10,353.
Orne : Alençon, 13,434.
Pas-de-Calais : Arras, 21,447 ; Boulogne, 38,514 ; Calais, 11,554 ; Saint-Pierre-lez-Calais, 18,092 ; Saint-Omer, 18,403.
Puy-de-Dôme : Clermont, 29,070 ; Thiers, 11,464.
Pyrénées (Basses-) : Bayonne, 17,977 ; Pau, 23,407.
Pyrénées (Hautes-) : Tarbes, 14,060.
Pyrénées-Orientales : Perpignan, 20,011.
Rhône : Lyon, 279,785 ; Tarare, 12,888 ; Villefranche, 11,270.
Saône-et-Loire : Le Creusot, 21,011 ; Châlon-sur-Saône, 18,941 ; Mâcon, 15,613.
Sarthe : Le Mans, 39,548.
Savoie : Chambéry, 12,417.
Seine : Paris, 1,799,250 ; Aubervilliers, 11,634 ; Boulogne, 18,687 ; Levallois, 19,030 ; Neuilly, 15,466 ; Pantin, 12,309 ; Saint-Denis, 26,117 ; Ivry, 11,176 ; Montreuil, 12,069 ; Vincennes, 11,031.
Seine-Inférieure : Dieppe, 18,599 ; Fécamp, 12,534 ; le Havre, 81,785 ; Caudebec, 10,715 ; Elbeuf, 22,311 ; Rouen, 92,888.
Seine-et-Oise : Versailles, 35,999 ; Saint-Germain, 12,695.
Deux-Sèvres : Niort, 17,470.
Somme : Abbeville, 16,753 ; Amiens, 54,499.
Tarn : Albi, 13,698 ; Castres, 16,458 ; Mazamet, 10,500 ;
Tarn-et-Garonne : Montauban, 16,635.
Var : Toulon, 44,287.
Vaucluse : Avignon, 27,409.
Vienne : Châtellerault, 13,019 ; Poitiers, 25,494.
Vienne (Haute-) : Limoges, 44,944.
Vosges : Epinal, 10,758.
Yonne : Auxerre, 12,919 ; Sens, 10,893.

Sur les 139 villes dont les noms précèdent, 49 étaient déjà soumises au régime de la taxe unique, y compris Paris, régi par une législation spéciale. La nouvelle loi ne s'applique donc, en réalité, qu'à *quatre-vingt-dix* villes.

Les départements qui n'ont pas d'agglomération de *dix mille* âmes sont les suivants : Basses - Alpes, Hautes-Alpes, Ariége, Cantal, Creuse, Gers, Jura, Landes, Lozère, Haute-Marne, Haute-Saône, Haute-Savoie, Seine-et-Marne, et le territoire de Belfort.

Les vins expédiés dans ces villes doivent être munis d'un acquit-à-caution comme ceux qu'on envoie hors de France. Seulement, ces derniers n'ont rien à payer à la régie au moment où l'acquit-à-caution est déchargé, tandis que les premiers paieront le droit d'entrée et le droit de circulation, variant selon la population du lieu et la classe à laquelle appartient le département.

Tarif du poids des bouteilles vides pour les droits de douane

BOUTEILLES

	Champ.	Bordel.	Norm.
2 B.	2 k.	1 k.	2 k.
4	3	2	3
5	4	2	4
6	5	3	5
8	7	4	6
10	9	5	8
12	10	5	9
15	13	7	11
20	17	9	15
24	21	11	18
25	22	11	19
30	26	14	22
36	31	16	27
40	34	18	30
44	41	22	36
50	43	23	38
55	47	25	41
60	52	27	45

BOUTEILLES

	Champ.	Bordel.	Norm.
65 B.	56 k.	29 k.	49 k.
70	60	32	53
72	62	32	54
75	65	34	56
80	69	36	60
84	72	38	63
90	77	41	68
96	83	43	72
100	86	45	75
108	93	49	81
110	95	50	83
120	103	54	90
132	114	59	99
144	124	65	108
150	129	68	113
156	134	70	117
168	144	76	126
180	155	81	135

BOUTEILLES

	Champ.	Bordel.	Norm.
192 B.	165 k.	86 k.	144 k.
200	172	90	150
20 p.	206	108	180
25	253	135	225
30	310	162	270
40	413	216	360
50	516	270	450
60	619	324	540
70	722	378	630
80	826	432	720
90	929	486	810
100	1032	540	900
200	2064	1080	1800
300	3096	1620	2700
400	4128	2160	3600
500	5160	2700	4500
600	6192	3240	5400
700	7224	3780	6300

Loi relative aux droits sur les manquants chez les marchands en gros bouilleurs et distillateurs, du 4 mars 1875

ARTICLE PREMIER. — Les quantités d'alcool reconnues manquantes chez les marchands en gros, bouilleurs et distillateurs de profession, au delà de la déduction légale allouée pour ouillage, coulage, soutirage, affaiblissement de degrés et pour tous autres déchets, seront frappées du droit général de consommation d'après le tarif applicable aux eaux-de-vie en bouteilles de cent soixante-quinze francs (175 fr.), en principal, par hectolitre d'alcool pur.

ART. 2. — Les quantités de vin reconnues manquantes chez les marchands en gros, en sus de la déduction légale, seront frappées du droit de circulation à raison de quinze francs (15 fr.) par hectolitre en principal, établi sur les vins en bouteilles par l'article 1er de la loi du 1er septembre 1871

ART. 3. — Ces droits seront perçus indépendamment du droit d'entrée dans les villes placées sous le régime ordinaire, et du montant de la taxe unique dans les villes rédimées.

ART. 4. — Dans les entrepôts de Paris, les quantités reconnues manquantes supporteront, au lieu des droits fixés par les articles précédents : 1° pour les vins, la taxe de remplacement applicable aux vins en bouteilles, en vertu de la loi du 31 décembre 1873, soit seize francs (16 fr.) en principal, par hectolitre. 2° pour les alcools, la taxe de cent quatre-vingt-dix-neuf francs (199 fr.) par hectolitre en principal, fixée par le 3e paragraphe de l'article 9 de la loi du 26 mai 1872.

Loi relative à des augmentations d'impôts et à l'établissement d'impôts nouveaux, du 21 Mars 1874

ARTICLE PREMIER. — Sont établis à titre extraordinaire et temporaire, les augmentations d'impôts et les impôts énumérés dans la présente loi.

ART. 2. — La quantité de 40 litres d'alcool par année, pour laquelle l'affranchissement du droit général de consommation est accordé aux bouilleurs et distillateurs par l'art. 2 de la loi du 2 août 1872, est réduite à 20 litres.

ART. 3. — Un règlement d'administration publique déterminera les mesures nécessaires pour assurer la perception de l'impôt dans les distilleries, chez les dénaturateurs d'alcool, et relativement aux versements d'alcool sur les vins.

Les contraventions aux dispositions de ce règlement sont passibles des peines édictées par l'art. 1er de la loi du 28 février 1872.

Loi relative aux bouilleurs de cru, loi du 14 décembre 1875

ARTICLE UNIQUE. — Les propriétaires qui distillent les vins, marcs, cidres, prunes et cerises provenant exclusivement de leurs récoltes, sont dispensés de toute déclaration préalable et sont affranchis de l'exercice

TABLE DES CORRECTIONS

A faire subir au degré apparent indiqué par l'Alcoomètre, pour obtenir le degré réel
des Liquides Spiritueux à la température de 15 degrés centigrades

DIFFÉRENCE EN MOINS

A AJOUTER AUX DEGRÉS INDIQUÉS PAR L'ALCOOMÈTRE POUR OBTENIR LES DEGRÉS RÉELS

DEGRÉS centésimaux indiqués par l'alcoomètre	0	1	2	3	4	5	6	7	8	9	10	11	12	13	14	15
31 à 34	7	6	6	5	5	4	4	3	3	2	2	2	1	1	0	0
35	6	6	6	5	5	4	4	3	3	2	2	2	1	1	0	0
36 à 39	6	6	6	5	5	4	4	3	3	3	2	2	1	1	0	0
40 à 44	6	6	5	5	5	4	4	3	3	3	2	2	1	1	0	0
45 à 46	6	6	5	5	5	4	4	3	3	2	2	2	1	1	0	0
47 à 53	6	6	5	5	4	4	4	3	3	2	2	2	1	1	0	0
54 à 56	6	6	5	5	4	4	3	3	3	2	2	2	1	1	0	0
57 à 69	6	5	5	5	4	4	3	3	3	2	2	2	1	1	0	0
70-71	6	5	5	4	4	4	3	3	3	2	2	2	1	1	0	0
72 à 78	6	5	5	4	4	4	3	3	3	2	2	1	1	1	0	0
79 à 83	5	5	5	4	4	4	3	3	3	2	2	1	1	1	0	0
84	5	5	5	4	4	4	3	3	2	2	2	1	1	1	0	0
85	5	5	5	4	4	3	3	3	2	2	2	1	1	1	0	0
86 à 90	5	5	4	4	4	3	3	3	2	2	2	1	1	1	0	0
86 à 91	5	5	4	4	4	3	3	3	2	2	2	1	1	0	0	0
92-93	5	4	4	4	3	3	3	3	2	2	2	1	1	0	0	0
94	5	4	4	4	3	3	3	2	2	2	2	1	1	0	0	0
95	4	4	4	4	3	3	3	2	2	2	1	1	1	0	0	0
96-97	4	4	4	3	3	3	3	2	2	2	1	1	1	0	0	0
98	»	«	»	3	2	2	2	2	2	2	1	1	1	0	0	0
99	»	»	»	»	»	»	»	»	2	2	1	1	1	1	0	0
100	»	»	»	»	»	»	»	»	»	»	»	»	»	»	»	»

Degrés du thermomètre centigrade.

DIFFÉRENCE EN PLUS

A DÉDUIRE AUX DEGRÉS INDIQUÉS PAR L'ALCOOMÈTRE POUR OBTENIR LES DEGRÉS RÉELS

DEGRÉS centésimaux indiqués par l'alcoomètre	16	17	18	19	20	21	22	23	24	25	26	27	28	29	30
31-32	0	1	1	2	2	3	3	3	4	4	5	5	5	6	6
33-34	1	1	1	2	2	3	3	3	4	4	5	5	6	6	6
35-36	1	1	1	2	2	3	3	3	4	4	5	5	6	6	6
37 à 40	1	1	1	2	2	3	3	4	4	4	5	5	6	6	6
41 à 43	0	1	1	2	2	3	3	3	4	4	5	5	6	6	6
44 à 46	0	1	1	2	2	3	3	3	4	4	5	5	5	6	6
47 à 59	0	1	1	2	2	2	3	3	4	4	5	5	5	6	6
60 à 70	0	1	1	2	2	2	3	3	4	4	4	5	5	6	6
71-72	0	1	1	2	2	2	3	3	4	4	4	5	5	5	6
73 à 82	0	1	1	2	2	2	3	3	3	4	4	5	5	5	6
83 à 85	0	1	1	1	2	2	3	3	3	4	4	5	5	5	6
86 à 87	0	1	1	1	2	2	3	3	3	4	4	4	5	5	6
88 à 89	0	1	1	1	2	2	3	3	3	4	4	4	5	5	5
90	0	1	1	1	2	2	2	3	3	4	4	4	5	5	5
90 à 91	0	1	1	1	2	2	2	3	3	4	4	4	5	5	5
92-93	0	1	1	1	2	2	2	3	3	4	4	4	4	5	5
94-95	0	1	1	1	2	2	2	3	3	3	4	4	4	5	5
96-97	0	1	1	1	1	2	2	2	3	3	3	4	4	4	5
97	0	1	1	1	1	2	2	2	3	3	3	4	4	4	5
98	0	1	1	1	1	2	2	2	3	3	3	4	4	4	4
99	0	1	1	1	1	2	2	2	3	3	3	4	4	4	4
100	0	1	1	1	1	2	2	2	2	3	3	3	4	4	4

Degrés du thermomètre centigrade.

Règlement d'administration publique sur les distilleries de vins, cidres, poirés, lies, marcs ou fruits.

DÉCRET DU 20 JUILLET 1878

Sur le rapport du ministre des finances,

Vu l'article 3 de la loi du 21 mars 1874, ainsi conçu :

« Un règlement d'administration publique déterminera les mesures nécessaires pour assurer la perception de l'impôt dans les distilleries ;

« Les contraventions aux dispositions de ce règlement sont passibles des peines édictées par l'article 1er de la loi du 28 février 1872. »

Vu la loi du 28 avril 1816, notamment les articles 97, 100, 117, 118, 138, 139, 140, 141, 142, 235 et 236 ;

Vu les lois du 23 avril 1836 et 20 juillet 1837 ;

Vu la loi du 28 février 1872;

Vu l'article 7 de la loi du 2 août de la même année;

Vu le décret du 4 décembre 1872;

Vu la loi du 21 juin 1873 ;

Vu le décret du 26 août 1876;

Le conseil d'Etat entendu,

Décrète :

TITRE PREMIER
DE L'EXERCICE ET DE L'AGENCEMENT DU MATÉRIEL DES USINES

Art. 1er. — Les employés de la régie des contributions indirectes sont autorisés à pénétrer dans les distilleries de vins, cidres, poirés, lies, marcs ou fruits, à toute heure de jour et de nuit, et a y exercer une surveillance permanente, lorsqu'il existe dans les ateliers des matières en fermentation ou des liquides susceptibles d'être livrés à la distillation ou à la rectification.

Art. 2. — Dans toutes les distilleries, y compris celles qui ne sont surveillées que par intermittence, deux chaises et une table avec tiroir fermant à clef sont mises à la disposition de l'employé de service, à proximité des éprouvettes qui reçoivent le liquide alcoolique à la sortie des appareils à distiller ou à rectifier.

Le prix de la location de ces meubles est fixé de gré à gré, et, à défaut de fixation amiable, réglé par le préfet.

Art. 3. — Toute communication intérieure entre les locaux affectés à des opérations de distillation ou de rectification et les bâtiments voisins non occupés par les fabricants, ou ceux dans lesquels les fabricants se livrent à une autre industrie, est interdite et doit être supprimée.

Le distillateur est tenu, lorsqu'il est requis, de satisfaire à cette prescription dans le délai d'un mois et d'intercepter la communication par une construction en maçonnerie.

Art. 4. — La capacité des chaudières, des alambics, des citernes et des vaisseaux déclarés est vérifiée par le jaugeage métrique, et, au besoin, par empotement.

Chaque chaudière, alambic, citerne, vaisseau et récipient quelconque reçoit un numéro d'ordre avec l'indication de sa contenance en litres.

Les numéros et l'indication de la contenance sont peints à l'huile, en caractères ayant au moins cinq centimètres de hauteur, par les soins et aux frais du déclarant.

Art. 5. — L'administration fait installer des compteurs aux frais des industriels dans les établissements où des fraudes ont eté constatées par procès-verbal suivi de condamnation. Elle peut aussi en faire installer à ses frais dans toutes les usines où elle le jugera nécessaire, pour assurer le contrôle des quantités fabriquées.

Les résultats constatés par les compteurs n'engagent pas la responsabilité matérielle du distillateur.

Art. 6. — Les tuyaux ou conduits servant à faire circuler les produits de la distillation et de la rectification doivent être isolés, mis en évidence dans toutes leurs parties et peints en rouge à l'exclusion de tous autres.

Les dispositions des trois paragraphes suivants sont, en outre, applicables aux tuyaux au moyen desquels l'appareil à distiller est mis en communication avec les bacs jaugeurs établis conformément à l'article 8 ci-après.

Les points de raccord de ces tuyaux sont scellés du plomb de la régie. Le distillateur est tenu de prendre les mesures nécessaires pour faciliter l'opération.

Les robinets adaptés à ces tuyaux ou conduits sont installés de telle sorte qu'ils puissent être maintenus fermés par un cadenas.

La clef de chaque robinet d'arrêt à deux eaux, c'est-à-dire uniquement destiné à établir ou à intercepter la circulation des spiritueux dans l'intérieur des mêmes tuyaux ou conduits, est disposée de manière à empêcher tout écoulement de liquide à l'extérieur. A cet effet, la tige verticale de cette clef est traversée, dans sa partie inférieure et au-dessous de l'écrou qui la maintient, par une goupille ayant à son extrémité un trou dans lequel est engagé un fil de fer dont les deux bouts sont fixés par le plomb de la régie.

Art. 7. — L'éprouvette qui reçoit les liquides sortant des appareils autres que le rectificateur proprement dit est installée de manière que le distillateur, tout en étant à même de reconnaître, par les indications d'un alcoomètre et d'un thermomètre, le degré auquel coulent successivement les alcools, ne puisse prélever aucune quantité de ces produits. A cet effet, l'administration peut exiger que l'éprouvette soit surmontée d'un globe de verre fixé de telle sorte qu'il ne puisse être enlevé qu'avec la coopération du service.

Aucun prélèvement d'alcool ne peut être opéré à l'éprouvette.

Toutefois un robinet à goutte, dont le modèle doit être approuvé par l'administration, peut être installé pour le prélèvement des échantillons destinés à la dégustation.

Art. 8. — Tout récipient destiné à contenir de l'alcool doit être muni d'un indicateur disposé de manière à présenter extérieurement le niveau du liquide. L'échelle de cet indicateur doit être graduée par centimètre.

Les bacs dans lesquels coulent les produits à la sortie des appareils à distiller, et dans lesquels ces produits doivent séjourner jusqu'à ce qu'ils aient été vérifiés et pris en charge par le service, doivent être placés aussi près que possible des éprouvettes. Ils doivent être isolés et reposer sur des supports à jour. Ils sont fermés et ne peuvent communiquer entre eux et avec l'alambic, et, s'il y a lieu, avec le dépotoir, que par des tuyaux reliés comme le prescrit l'article 6 ci-dessus.

Ces vaisseaux, dits bacs jaugeurs, sont munis de deux échelles graduées par hectolitre ou, si la hauteur du récipient permet que l'espace d'une division à l'autre soit de trois millimètres au moins, par décalitre ou par litre. Ces échelles sont fixées sur les points désignés par les employés.

Les ouvertures des bacs jaugeurs sont closes par des couvercles scellés du plomb de la régie.

Les robinets adaptés à ces récipients doivent être maintenus fermés par un cadenas.

Les tuyaux d'écoulement du trop-plein des bacs jaugeurs ne peuvent être mis en communication qu'avec un récipient installé comme ces bacs eux-mêmes.

Lorsque les bacs jaugeurs sont vides, le distillateur est tenu de les faire nettoyer s'il en est requis par ¡es employés, afin que ces agents puissent les vérifier à l'intérieur.

L'administration peut exiger que les bacs pleins ou en vidange soient vidés ou nettoyés toutes les fois que les travaux de distillation sont interrompus pour quarante-huit-heures au moins.

Art. 9. — Tout récipient destiné à recevoir des spiritueux doit être revêtu de l'une des mentions suivantes :

Alcools à repasser,

Alcools achevés.

Ces mentions sont inscrites dans les conditions fixées par le dernier paragraphe de l'article 4.

Toute quantité d'alcool trouvée en dehors des récipients portant les mentions ci-dessus ou des futailles inscrites au registre magasinier dont la tenue est prescrite par l'article 40 ci-après, est réputée fabriquée en en fraude et saisie.

Art. 10. — Toute distillerie dont la production moyenne est de six hectolitres par jour doit être pourvue, par les soins et aux frais de de l'industriel, d'un dépotoir cylindrique, dûment contrôlé par le vétificateur des poids et mesures.

L'échelle de ce dépotoir est graduée par hectolitre dans sa partie supérieure, et par fraction d'un litre chacune dans sa partie inférieure, pour une contenance d'un hectolitre au moins. L'espace d'une division à l'autre ne doit pas être inférieure à trois millimètres. Toutes les indications de cette échelle doivent être facilement lisibles.

Chez les distillateurs qui, en moyenne, produisent moins de six hectolitres d'alcool par jour, le dépotoir n'est pas obligatoire, mais ces indstriels doivent être pourvus d'un décalitre dûment contrôlé par le vérificateur des poids et mesures.

Tous les distillateurs, quelle que soit l'importance de la fabrication, doivent mettre à la disposition du service une bascule et les poids nécessaires pour le pesage des alcools et des futailles.

Art. 11. — Indépendamment de l'issue spéciale ou trop-plein, le dépotoir ne doit avoir d'autre ouverture que celles qui servent à le remplir ou à le vider.

Lorsqu'on procède à l'empotement d'une futaille, le robinet par lequel se vide le dépotoir ne peut être ouvert qu'après la fermeture du robinet adapté au tuyau de remplissage et l'épuisement complet du trop-plein.

Art. 12. — Les plombs et les cadenas dont l'usage est prescrit par le présent règlement sont fournis gratuitement par l'administration ; ils sont placés aux frais des industriels suivant les indications des employés de la régie.

Ces agents peuvent fixer, sur l'entrée de ces cadenas dont ils conservent les clefs un scellé qui ne peut être brisé, par les distillateurs sous aucun prétexte.

Art. 13. — Les tonneaux et futailles quelconques employées pour l'emmagasinement et le transport des produits de toute espèce, de toute origine, doivent présenter une quadruple marque indicative de leur numéro d'ordre, de leur contenance totale, de leur tare (poids à vide) après le plâtrage et de leur poids brut.

Ils portent, en outre, la marque particulière de l'industriel.

Ces indications sont peintes ou marquées au feu ou à la rouanne.

Elles sont reproduites sur les titres de mouvement.

Dans les usines où l'on fait usage de fûts plâtrés, le plâtrage doit être complétement sec avant la constatation de la tare.

TITRE II

DES DÉCLARATIONS ET DE LA PRISE EN CHARGE

Art. 14. — Les déclarations prescrites par les articles 117 et 140 de la loi du 28 avril 1816, en ce qui concerne les vaisseaux en usage dans les distilleries, doivent être faites à la recette buraliste, quinze jours au moins avant le commencement des travaux de distillation et de rectification.

Sont également reçues à la recette buraliste les déclarations que les détenteurs d'appareils propres à la distillation d'eaux-de-vie ou d'esprits, à l'exclusion des bouilleurs de cru, sont tenus de faire, en exécution de l'article 1er de la loi du 2 août 1872, modifié par la loi du 14 décembre 1875.

Art. 15. — Les boissons autres que les spiritueux introduites sous acquit-à-caution, dans les distilleries, sont prises en charge comme matières premières. Elles doivent être représentées au service à toute réquisition.

Art. 16.—Le compte des matières premières est déchargé des quantités de boissons successivement soumises à la distillation et des quantités expédiées en nature avec des titres de mouvements réguliers.

Art. 17. — Les boissons prises en charge comme matières premières ne peuvent être réexpédiées qu'après vérification des employés et en leur présence.

Si le service est en permanence, l'enlèvement peut avoir lieu deux heures après la déclaration. Dans le cas contraire, l'enlèvement n'est opéré qu'à chaque visite des employés.

La décharge des quantités expédiées, spécifiée à l'article 16, est subordonnée à l'accomplissement des conditions posées dans les deux paragraphes précédents.

Les distillateurs qui veulent vendre en détail les produits de leur fabrication, ou se livrer au commerce, soit en gros, soit en détail, de toutes autres boissons, doivent placer les liquides qu'ils destinent à ce commerce dans les magasins séparés de la distillerie par un mur ou par la voie publique.

Art. 18. — Les employés sont autorisés à arrêter à toute époque la situation des boissons dont le compte est tenu en vertu de l'article 15 ci-dessus.

Les excédants sont saisis, conformément à la législation sur les boissons. Si la vérification fait ressortir des manquants non couverts par la déduction réglementaire, les droits sont payés sur une quantité d'alcool égale à celle que représente les boisons formant le manquant net. Dans ce cas, la quantité d'alcool imposable est calculée d'après le rendement maximum des boissons distillées depuis le commencement de la campagne.

Art. 19. — Les déclarations prescrites par les articles 141 de la loi du 28 avril 1816 et 10 de la loi du 20 juillet 1837 doivent être faites à la recette buraliste et ne peuvent porter que sur une période de sept jours. Elles doivent indiquer pour chaque journée de travail :

1º La quantité des vins, cidres, poirés, lies, marcs, fruits qui doivent être mis en distillation;

2º Le rendement d'alcool au minimum par hectolitre de boisson ou de matière soumise à la distillation;

3º Le numéro des alambics qui seront mis en activité et, quand le travail ne sera pas continu, l'heure à laquelle commencera et cessera le chauffage de ces appareils.

Art. 20. — Les distillateurs peuvent s'affranchir des déclarations périodiques définies par l'article 19 ci-dessus, en tenant eux-mêmes le registre de distillation spécifié à l'article 21 ci-après, ou en faisant aux employés en permanence dans

leur usine les déclarations nécessaires pour la tenue de ce registre.
Ils n'ont alors à faire à la recette
buraliste, au début de chaque campagne et au commencement de cha-
mois, qu'une déclaration générale
du nombre de jours de travail et
du rendement d'alcool, au minimum, par hectolitre de boissons ou
de matières qui sera soumis à la
distillation, ainsi que de l'heure à
laquelle commencera et cessera,
chaque jour, le chauffage des appareils, quand le travail ne devra pas
être continu.

Art. 21. — Le registre de distillation doit présenter, sans interruption ni lacune, et sans rature ni
surcharge :

1° Au moment même de chaque
chargement de chaudière ou d'a-
lambic :

Le numéro de la chaudière ou de
l'alambic,

La date et l'heure auxquelles
commence le chargement;

2° Dès que le chargement est
complet :

L'heure à laquelle ce chargement
est terminé ;

La quantité de boissons, de lies,
de marcs ou de fruits introduite
dans la chaudière ou l'alambic.

Ce registre est fourni gratuitement par l'administration. Il doit
r e représenté à toute réquisition
des employés, quand il est tenu par
les distillateurs eux-mêmes.

Art. 22. — Les employés de la
régie sont autorisés à procéder aux
vérifications qu'ils jugent nécessaires pour s'assurer de l'exactitude
des déclarations relatives au minimum de rendement des boissons à
distiller.

S'il y a contestation, la force alcoolique de ces boissons est défini-
tivement fixée à la suite des expériences contradictoires prescrites
par l'article 10 de la loi du 20 juillet 1837.

Ces expériences sont faites au
moyen de l'alambic d'essai mis à la
disposition des agents de surveillance. En cas de désaccord, entre
le distillateur et le service, sur les
résultats de ces expériences, des
échantillons sont prélevés contra-
dictoirement pour être soumis aux
commissaires-experts institués par
l'article 19 de la loi du 27 juillet
1822.

Le minimum de rendement à déclarer par le distillateur ne peut
être inférieur à la quotité que représente, sous la déduction de 10 p.
100, la quantité d'alcool obtenue par
la distillation opérée contradictoire-
ment ou constatée par les commissaires-experts.

Art. 23. — Les distillateurs qui
veulent profiter des dispositions de
l'article 142 de la loi du 28 avril
1816 sont tenus d'en faire la de-
mande par écrit au chef de service
de la circonscription.

Art. 24. — La base de conversion
adoptée d'un commun accord cons-
titue le minimum de la prise en
charge.

Elle s'étend à la totalité des vins,
cidres, poirés, lies, marcs ou fruits
à mettre en œuvre pendant la période déterminée dans l'acte dont il
est question au dernier paragraphe
du présent article. Elle ne peut
s'appliquer qu'aux boissons déjà
prises en charge et aux matières
existant dans l'usine au moment où
elle est consentie.

Une nouvelle base doit être dis-
cutée pour les boissons ou matières
introduites ultérieurement chez le
distillateur.

Chaque base de conversion est
constatée au portatif par un acte
signé du distillateur.

Art. 25. — Les quantités d'alcool
que représentent les boissons et les
autres matières, d'après la quotité
du rendement déclarée ou fixée au
minimum en exécution des articles
19, 20, 22, 24 et 36 du présent ré-
glement, sont inscrites pour mémoire au compte général de fabrication.

Art. 26. — A la sortie des appareils à distiller, les alcools sont dirigés dans les bacs jaugeurs mentionnés à l'article 8 ci-dessus.

Art. 27. — Dans les usines soumises à la surveillance permanente, lorsque le distillateur veut retirer des alcools des bacs jaugeurs, il en fait la déclaration aux employés.

Dans les établissements placés sous le régime de la surveillance intermittente et dont la production est inférieure à trois hectolitres d'alcool par jour, et dans ceux qui ne travaillent pas au moins vingt-cinq jours par mois, quelle que soit l'importance de leur production journalière, le produit de la distillation ne peut être extrait des bacs jaugeurs qu'à chaque visite des employés, l'intervalle entre deux visites ne devant pas, toutefois, dépasser huit jours.

Dans les établissements qui produisent au minimum trois hectolitres d'alcool par vingt-quatre heures et qui travaillent au moins vingt-cinq jours par mois, la vérification doit être faite au moins une fois tous les quatre jours.

Le robinet par lequel l'appareil à distiller est mis en communication avec le bac jaugeur doit être fermé avant toute vérification.

Dans les distilleries soumises à la surveillance intermittente, si les employés ne peuvent assister à la vidange du bac dont ils ont vérifié et pris en charge le contenu, la communication entre ce bac et l'appareil à distiller n'est rétablie qu'à leur prochaine visite.

Aucun bac jaugeur ne peut être vidé que lorsqu'il est entièrement plein, sauf dans le cas d'interruption ou de cessation des travaux de distillation. Dans ce cas, le volume des spiritueux est constaté au moyen des échelles graduées établies suivant les prescriptions du 3e § de l'article 8, les fractions d'hectolitre étant mesurées au dépotoir ou passées à la bascule quand les échelles ne sont graduées que par hectolitre.

Si les indications de ces échelles ne paraissent pas assez exactes, le service peut exiger l'emploi du dépotoir.

Toutefois, dans les établissements où la surveillance n'est qu'intermittente, les distillateurs peuvent profiter de la présence des employés pour faire ouvrir les bacs jaugeurs, alors même qu'ils ne sont pas pleins, à la condition que la vérification du contenu n'exigera pas plus d'une heure et que, si elle n'est pas terminée dans ce délai, les employés pourront remette ces bacs sous clef.

En pareil cas, les alcools extraits des bacs doivent être conduits directement et sans désemparer dans des récipients ou dans des futailles dont la contenance a été préalablement constatée par le service au moyen du dépotoir, et qui doivent être entièrement remplis.

Art. 28. — Les quantités d'alcool reconnues à la suite de chaque vérification opérée en exécution de l'article précédent sont prises en charge au compte général de fabrication.

Art. 29. — Après chaque interruption des travaux de distillation et au moins à la fin de chaque trimestre, si les quantités d'alcool prises successivement en charge au compte général de fabrication, en exécution des articles 28 et 35 du présent règlement, sont inférieures au rendement minimum calculé comme il est dit à l'article 25 ci-dessus, une prise en charge complémentaire est effectuée à ce compte.

Art. 30. — A leur entrée dans la distillerie, les spiritueux quelconques provenant du dehors doivent être soumis à la vérification des agents de surveillance.

Lorsqu'il n'y a pas permanence, les produits doivent être conservés intacts dans les vaisseaux qui ont servi à leur transport, pour être vérifiés à la première visite des employés, qui aura lieu dans un délai de vingt-quatre heures au plus.

A la suite de chaque vérification, le distillateur est tenu d'apposer sur les futailles, conformément à l'article 13 du présent règlement, des marques et des numéros, en suivant l'ordre non interrompu de la série.

Les quantités reconnues sont prises en charge au compte général de fabrication.

Art. 31. — Tout distillateur qui veut soumettre des alcools à un repassage est tenu de déclarer :

1º La nature, le volume et le degré des produits qu'il veut repasser ;

2º Le numéro et la marque des vaisseaux d'où ces produits doivent être extraits ;

3º La date et l'heure du chargement de l'appareil.

Cette déclaration doit être faite conformément aux dispositions de l'article 42 ci-après.

Toutefois, dans les établissements qui ne sont pas soumis à la surveillance permanente, le distillateur peut inscrire lui-même cette déclaration, deux heures au moins d'avance, sur un registre que l'administration lui remet à cet effet et qui doit être représenté aux employés à toute réquisition.

Si un employé est présent dans l'usine à l'heure fixée pour le chargement de l'appareil, il peut exiger que ce chargement soit effectué en sa présence et sans interruption.

TITRE III

DES PERTES MATÉRIELLES. — DES DÉFICITS DE RENDEMENT ET DES DÉCHETS DE RECTIFICATION.

Art. 32. — L'administration a la faculté d'accorder décharge des boissons prises en charge comme matières premières ou des spiri-

tueux dont la perte a été constatée par les employés, dans un procès-verbal dressé immédiatement, si l'établissement est soumis à la surveillance permanente, ou lors de la plus prochaine visite des employés, si la surveillance n'est qu'intermittente.

Art. 33. — Les employés peuvent arrêter à toute époque la situation du compte général des produits de la distillation.

Le distillateur est tenu de faire le plein des tonneaux ou futailles de manière que le service n'ait à opérer ses vérifications que sur un seul fût en vidange pour chaque espèce de produits.

Si la vérification fait ressortir un excédant, cet excédant est saisi conformément à l'article 100 de la loi du 28 avril 1816.

Les manquants que fait apparaître la balance du compte, après allocation de la déduction annuelle fixée en exécution de l'article 6 de la loi du 20 juillet 1837, sont immédiatement imposables. Cette déduction est calculée par campagne annuelle commençant le 1er octobre et finissant le 30 septembre suivant.

Toutefois, le ministre peut donner décharge des manquants constatés sur la prise en charge au compte général de la distillation, lorsqu'il est établi qu'ils proviennent de déchets de rectification ou de déficits de rendement.

Cette décharge n'est prononcée qu'après avis de la section des finances du conseil d'Etat, si le déficit ou les déchets dépassent 5 p. 100 des quantités prises en charge.

TITRE IV

DISPOSITIONS SPÉCIALES AUX DISTILLERIES DANS LESQUELLES DES COMPTEURS SONT ÉTABLIS AUX FRAIS DES INDUSTRIELS.

Art. 34. — L'administration peut affranchir des prescriptions des articles 5, 6, 7, 8, 12, 17, 19, 20, 21,

22, 26, 27 et 28 du présent règlement les distillateurs qui fournissent et font installer, à leurs frais, des compteurs agréés par l'administration et placés sur les points qu'elle aura désignés, dans les conditions et pour une durée qu'elle aura réglées.

Art. 35. — Les quantités d'alcool à prendre en charge au compte général de fabrication sont relevées sur les compteurs établis comme il est dit à l'article précédent.

Si ces compteurs constatent seulement le volume des spiritueux, la quantité d'alcool pur à prendre en charge est calculée d'après le degré moyen des produits existant dans l'usine au moment de la vérification et de ceux qui ont été expédiés depuis la dernière prise en charge.

Art. 36. — Les distillateurs placés dans les conditions prévues à l'article 34 ci-dessus sont tenus de déclarer à la recette buraliste, pour une période qu'ils fixent eux-mêmes et qui ne peut dépasser un mois, les quantités de boissons, de lies, de marcs et de fruits qui doivent être mises en distillation dans cette période et la force alcoolique de ces boissons ou de ces matières.

TITRE V
DISPOSITIONS RELATIVES AUX DISTILLERIES AMBULANTES

Art. 37. — Aucun alambic mobile ne peut être mis en circulation, ni stationner sur la voie publique, dans une cour non fermée, ou dans un emplacement non clos n'appartenant pas au propriétaire de l'appareil sans que la déclaration en ait été faite à la recette buraliste quarante-huit heures d'avance et sans que le conducteur soit muni d'un permis de circulation détaché d'un registre à souche et revêtu du timbre de la régie, conformément aux dispositions de l'article 243 de la loi du 28 avril 1816.

La déclaration et le permis de circulation doivent indiquer la capacité de l'alambic, le jour où commencera et celui où finira la mise en circulation de l'appareil, et les communes dans lesquelles il doit être conduit.

Art. 38. — Le permis de circulation n'est valable que pour un mois au plus et pour les communes comprises dans la circonscription de la recette buraliste d'où il émane.

En cas de passage dans une autre circonscription de recette buraliste, il peut être échangé, sans condition de délai, contre un nouveau permis.

Le permis doit être représenté à toute réquisition des employés.

Les déclarations de distillation, qui sont faites par les distillateurs ambulants, ne sont reçues que sur la représentation du permis de circulation.

TITRE VI
DISPOSITIONS GÉNÉRALES

Art. 39. — L'enlèvement des alcools doit être déclaré conformément aux dispositions de l'article 42 ci-après.

Les congés donnant lieu au payement de la taxe ne peuvent être délivrés qu'à la recette buraliste.

Lorsque les employés sont présents dans la distillerie à l'heure fixée pour l'enlèvement, le chargement doit être présenté à leur vérification.

Ces agents peuvent exiger que les spiritueux soient conduits au dépotoir et à la bascule. Ils doivent être mis à même d'opérer leur vérification pendant le jour.

Art. 40. — Un registre magasinier est tenu dans toutes les distilleries où l'administration le juge utile.

Les employés de la régie inscrivent sur ce registre la marque, le numéro d'ordre, la taxe et le poids brut de chaque futaille, le volume et la force alcoolique des spiritueux. Ces indications sont reproduites sur une étiquette signée par les employés, qui la fixent sur l'un des fonds de chaque fût et que le distillateur ne peut faire disparaître.

Toute transvasion doit être déclarée dans les mêmes conditions que les repassages dont il est question à l'article 31 ci-dessus.

Les dispositions du précédent paragraphe ne s'appliquent pas aux transvasions nécessitées par des accidents dûment constatés.

Art. 41. — Pour le pesage et le mesurage des matières premières et des produits de toute nature, lors des exercices, des recensements, des inventaires et de la vérification des chargements, au départ ou à l'arrivée, les distillateurs sont tenus de fournir les ouvriers, ainsi que les bascules ou balances, poids et ustensiles nécessaires.

Art. 42. — Les déclarations prescrites par les articles 27, 31, 39, 40 ci-dessus sont reçues par les employés, quand les usines sont soumises au régime de la permanence, et par les receveurs buralistes, quand la surveillance n'est qu'intermittente.

Ces déclarations doivent être faites au moins deux heures d'avance dans le premier cas, et six heures d'avance dans le second cas.

Art. 43. — A partir du 1er octobre 1878, le présent règlement sera mis en vigueur, et celui du 26 août 1876 cessera d'être applicable.

Art. 44. — Le ministre des finances est chargé de l'exécution du présent décret, qui sera publié au *Journal officiel* et inséré au *Bulletin des lois.*

Fait à Versailles, le 20 juillet 1878.

Mal DE MAC MAHON,
duc DE MAGENTA.

Par le Président de la République:
Le ministre des finances,
LÉON SAY.

Règlement d'administration publique
sur les distilleries autres que celles qui mettent en œuvre
des vins, cidres, poirés, lies, marcs et fruits.

DÉCRET DU 18 JUILLET 1878

Le Président de la République française,

Sur le rapport du ministre des finances,

Vu l'article 3 de la loi du 21 mars 1874, ainsi conçu :

« Un règlement d'administration publique déterminera les mesures nécessaires pour assurer la perception de l'impôt dans les distilleries.....

« Les contraventions aux dispositions de ce règlement sont passibles des peines édictées par l'article 1er de la loi du 28 février 1072; »

Vu la loi du 28 avril 1816, notamment les articles 97, 100, 117, 118, 138, 139, 140, 141, 142, 235 et 236 ;

Vu les lois des 23 avril 1836 et 20 juillet 1837 ;

Vu la loi du 28 février 1872;

Vu l'article 7 de la loi du 2 août de la même année ;

Vu le décret du 4 décembre 1872;

Vu la loi du 21 juin 1873 ;

Vu le décret du 26 août 1876 ;

Le conseil d'Etat entendu,

Décrète :

TITRE PREMIER

DE L'EXERCICE ET DE L'AGENCEMENT DU MATÉRIEL DES USINES

Art. 1er. — Les employés de la régie des contributions indirectes sont autorisés à pénétrer dans les distilleries à toute heure de jour et de nuit, et à y exercer une surveillance permanente, lorsqu'il existe dans les ateliers des matières en fermentation ou des liquides susceptibles d'être livrés à la distillation ou à la rectification.

Art. 2. — Le distillateur dont les opérations sont soumises à une surveillance permanente doit disposer dans l'intérieur de son usine, pour servir de bureau aux employés, d'un local convenable, de douze mètres carrés au moins, et garni de chaises, de tables et d'un poêle ou d'une cheminée.

Dans toutes les distilleries, y compris celles qui ne sont surveillées que par intermittence, deux chaises et une table avec tiroir fermant à clef sont mises à la disposition de l'employé de service, à proximité des éprouvettes qui reçoivent le liquide alcoolique à la sortie des appareils à distiller ou à rectifier.

Le prix de la location de ces meubles et du bureau est fixé de gré à gré, et, à défaut de fixation amable, réglé par le préfet.

Art. 3. — Toute communication intérieure entre les locaux affectés à des opérations de distillation ou de rectification et les bâtiments voisins non occupés par les fabricants, ou ceux dans lesquels ces fabricants se livrent à une autre industrie, est interdite et doit être supprimée.

Le distillateur est tenu, lorsqu'il en est requis, de satisfaire à cette prescription dans le délai d'un mois, et d'intercepter la communication par une construction en maçonnerie.

Art. 4. — Le distillateur est tenu de remettre en double expédition, au chef de service préposé à la surveillance, un plan intérieur avec légende de toutes les parties de son usine. Ce plan présente, pour l'ensemble des ateliers, l'emplacement et l'agencement de tous les appareils de distillation et de rectification, ainsi que des pompes, réservoirs et récipients quelconques établis d'une manière fixe pour recevoir des spiritueux. Il indique, en outre, pour chaque tuyau ou conduit, l'usage auquel il est destiné, le point d'où il part et celui où il aboutit. Chacun des appareils, récipients et tuyaux reçoit un numéro d'ordre qui est reproduit sur le plan.

Pour les établissements déjà en exploitation, ce plan est fourni dans le délai d'un mois à partir de la mise à exécution du présent règlement. Il est joint à l'une des déclarations de fabrication faites dans ce délai.

A l'avenir, le dépôt du plan sera effectué par les nouveaux distillateurs au moment de la déclaration prescrite par l'article 140 de la loi du 28 avril 1816.

Les changements ultérieurs seront déclarés d'avance ; ils donneront lieu à la production d'un plan rectificatif.

Art. 5. — La capacité des chaudières, des alambics, des citernes et des vaisseaux déclarés est vérifiée par le jaugeage métrique et, au besoin, par empotement.

Chaque chaudière, alambic, citerne, vaisseau et récipient quelconque reçoit un numéro d'ordre avec l'indication de sa contenance en litres.

Les numéros et l'indication de la contenance sont peints à l'huile, en caractères ayant au moins cinq centimètres de hauteur, par les soins et aux frais du déclarant.

Art. 6. — Les tuyaux ou conduits servant à faire circuler les produits de la distillation et de la rectification doivent être isolés, mis en évidence dans toutes leurs parties, et peints en rouge à l'exclusion de tous autres.

Les dispositions des trois paragraphes suivants sont, en outre, applicables aux tuyaux au moyen desquels l'appareil à distiller est mis en communication avec les bacs jaugeurs établis conformément à l'article 8 ci-après et, dans le cas prévu par les deux derniers paragraphes de l'article 27 du présent règlement, aux tuyaux qui conduisent les alcools achevés, du rectificateur, dans les bacs jaugeurs installés suivant les prescriptions du même article 8.

Les points de raccord de ces tuyaux sont scellés du plomb de la régie. Le distillateur est tenu de prendre les mesures nécessaires pour faciliter l'opération.

Les robinets adaptés à ces tuya x ou conduits sont installés de telle sorte qu'ils puissent être maintenus fermés par un cadenas.

La clef de chaque robinet d'arrêt à deux eaux, c'est-à-dire uniquement destiné à établir ou à intercepter la circulation des spiritueux dans l'intérieur des mêmes tuyaux ou conduits, est disposée de manière à empêcher tout écoulement de liquide à l'extérieur.

A cet effet, la tige verticale de cette clef est traversée dans sa partie inférieure, et au-dessous de l'écrou qui la maintient, par une goupille ayant à son extrémité un trou dans lequel est engagé un fil de fer dont les deux bouts sont fixés par le plomb de la régie.

Art. 7. — L'éprouvette qui reçoit les liquides sortant des appareils autres que le rectificateur proprement dit est installée de manière que le distillateur, tout en étant à même de reconnaître, par les indications d'un alcoomètre et d'un thermomètre, le degré auquel coulent successivement les flegmes, ne puisse prélever aucune quantité de ces produits. A cet èffet, l'administration peut exiger que l'éprouvette soit surmontée d'un globe de verre fixé de telle sorte qu'il ne puisse être enlevé qu'avec la coopération du service.

Aucun prélèvement de flegmes ne peut être opéré à l'éprouvette.

Toutefois, un robinet à goutte, dont le modèle doit être approuvé par l'administration, peut être installé pour le prélèvement des échantillons destinés à la dégustation.

Art. 8. — Tout récipient destiné à contenir de l'alcool doit être muni d'un indicateur disposé de manière à présenter extérieurement le niveau du liquide. L'échelle de cet indicateur doit être gra uée par centimètre.

Les bacs dans lesquels coulent les flegmes, à la sortie des appareils à distiller, et dans lesquels ces produits doivent séjourner jusqu'à ce qu'ils aient été vérifiés et pris en charge par le service, doivent être placés aussi près que possible des éprouvettes. Ils doivent être isolés et reposer sur des supports à jour. Ils sont fermés et ne peuvent communiquer entre eux et avec l'alambic, et, s'il y a lieu, avec le dépotoir, que par des tuyaux reliés comme le prescrit l'article 6 ci-dessus.

Ces vaisseaux, dits bacs jaugeurs, sont munis de deux échelles graduées par hectolitre ou, si la hauteur du récipient permet que l'espace d'une division à l'autre soit de 3 millimètres au moins, par décalitre ou litre. Ces échelles sont fixées sur les points désignés par les employés.

Les ouvertures des bacs jaugeurs sont closes par des couvercles scellés du plomb de la régie.

Les robinets adaptés à ces récipients doivent être maintenus fermés par un cadenas.

Les tuyaux d'écoulement du trop plein des bacs jaugeurs ne peuvent être mis en communication qu'avec un récipient installé comme ces bacs eux-mêmes.

Lorsque les bacs à jaugeurs sont vidés, le distillateur est tenu de les faire nettoyer s'il en est requis par les employés, afin que ces agents puissent les vérifier à l'intérieur.

L'administration peut exiger que les bacs pleins ou en vidange soient vidés et nettoyés toutes les fois que les travaux de distillation sont interrompus pour quarante-huit heures au moins.

Art. 9. — Tout récipient destiné à recevoir des spiritueux doit être revêtu de l'une des mentions suivantes :

Flegmes ;

Alcools à repasser ;

Alcools achevés ;

Huiles essentielles.

Ces mentions sont complétées par l'addition de l'initiale M, en ce qui concerne les vaisseaux affectés aux flegmes et aux produits imparfaits dont la rectification est ajournée, et qui doivent être pris en charge au compte de magasin.

Les indications prescrites par le présent article sont fixées sur les récipients dans les conditions que détermine le dernier paragraphe de l'article 5.

Toute quantité d'alcool trouvée en dehors des récipients portant les mentions ci-dessus, ou des futailles inscrites au registre magasinier dont la tenue est prescrite par l'article 35 ci-après, est réputée fabriquée en fraude et saisie.

Art. 10. — L'administration a la faculté de faire installer aux frais des distillateurs, sur tels points qu'elle jugera convenable et dans les conditions qu'elle indiquera, des compteurs destinés à mesurer les quantités de liquide alcoolique qui coulent de chaque appareil à distiller ou à rectifier.

Ces compteurs sont fournis gratuitement par l'administration.

Art. 11. — Toute distillerie doit être pourvue, par les soins et aux frais de l'industriel, d'un dépotoir cylindrique dûment contrôlé par le vérificateur des poids et mesures.

L'échelle de ce dépotoir est graduée par hectolitre dans sa partie supérieure, et par fraction d'un litre chacune dans sa partie inférieure, pour une contenance d'un hectolitre au moins. L'espace d'une division à l'autre ne doit pas être inférieur à trois millimètres. Toutes les indications de cette échelle doivent être facilement lisibles.

Tous les distillateurs doivent, en outre, mettre à la disposition du service une bascule et des poids pour le pesage des alcools et des futailles.

Sont affranchis des prescription du présent article, les distillateur qui ne produisent que des flegmes et qui les expédient dans des récipients d'une contenance supérieure à dix hectolitres et dont la capaci a été préalablement constatée par le service.

Art. 12. — Indépendamment de l'issue spéciale au trop-plein, le dépotoir ne doit avoir d'autre ouverture que celles qui servent à le remplir et à le vider.

Lorsqu'on procède à l'empotement d'une futaille, le robinet par lequel se vide le dépotoir ne peut être ouvert qu'après la fermeture du robinet adapté au tuyau de remplissage et l'épuisement complet du trop plein.

Art. 13. — Les plombs et les cadenas dont l'usage est prescrit par le présent règlement sont fournis gratuitement par l'administration ils sont placés, aux frais des indus triels, suivant les indications des employés de la régie.

Ces agents peuvent fixer, sur l'entrée de ces cadenas dont ils conservent les clefs, un scellé qui ne peut être brisé par les distillateurs sous aucun prétexte.

Art. 14. — Les tonneaux et futailles quelconques employés pour l'emmagasinement et le transport des produits de toute espèce, de toute origine, doivent présenter une quadruple marque indicative de leur numéro d'ordre, de leur tare (poids à vide) après le plâtrage et de leur poids brut. Ils portent, en outre, la marque particulière de l'industriel.

Ces indications sont peintes et marquées au feu ou à la rouanne. Elles sont reproduites sur les titres de mouvement.

Dans les usines où l'on fait usage de fûts plâtrés, le plâtre doit être complétement sec avant la constatation de la tare.

TITRE II

DES DÉCLARATIONS ET DE LA PRISE EN CHARGE.

Art. 15. — Les déclarations prescrites par les articles 117 et 140 de la loi du 27 avril 1816, en ce qui concerne les vaisseaux en usage dans les distilleries, doivent être faites à la recette buraliste, quinze jours au moins avant le commencement des travaux de distillation et de rectification.

Sont également reçues à la recette buraliste les déclarations que les détenteurs d'appareils propres à la distillation d'eaux-de-vie ou d'esprits, à l'exclusion des bouilleurs de cru, sont tenus de faire en exécution de l'article 1er de la loi du 2 août 1872, modifié par la loi du 14 décembre 1875.

Art. 16. — Toute introduction de mélasses doit être justifiée par la représentation d'un acquit-à-caution.

Les quantités introduites sont vérifiées par les employés, qui les prennent en charge au compte des matières premières d'après le poids reconnu à l'arrivée.

Ce compte est successivement déchargé des quantités mises en fermentation ou expédiées en nature sous acquit-à-caution.

Les employés peuvent arrêter la situation des restes et opérer la ba-lance du compte aussi souvent qu'ils le jugent nécessaire.

Les excédants que fait ressortir cette balance sont ajoutés aux charges, les manquants qu'elle fait apparaître sont portés en sortie.

Sur justifications suffisantes, l'administration peut affranchir des droits dont ils sont passibles les sucres que représentent ces manquants.

Art. 17. — Les déclarations prescrites par les articles 139 et 141 de la loi du 28 avril 1816, 9 et 10 de la loi du 20 juillet 1837 doivent être faites à la recette buraliste et ne peuvent porter que sur une période de sept jours.

Elles doivent indiquer, pour chaque jour de travail :

1° Le numéro et la contenance de chaque cuve de fermentation qui devra être mise en activité ;

2° L'heure de chargement de chaque cuve ;

3° Le poids des farines et celui des mélasses qui y sont employées ;

4° Le volume effectif des jus et des matières fermentées qui doit être extrait de chaque cuve pour être soumis à la distillation ;

5° Le rendement d'alcool au minimum par hectolitre de liquide fermenté ;

6° Le numéro des appareils à distiller qui seront mis en activité, et, quand le travail ne sera pas continu, l'heure à partir de laquelle commencera et cessera le chauffage de ces appareils.

Art. 18. — Les distillateurs peuvent s'affranchir des déclarations périodiques définies par l'article précédent, en tenant eux-mêmes le registre de mise en fermentation spécifié à l'article 19 ci-après, ou en faisant aux employés en permanence dans leurs usines les déclarations nécessaires pour la tenue de ce registre. Ils n'ont alors à faire à la recette buraliste, au début de la campagne et au commencement de chaque mois, qu'une déclaration générale du nombre de jours de travail et du rendement d'alcool au minimum par hectolitre de liquide fermenté qui sera soumis à la distillation, ainsi que de l'heure à partir de laquelle commencera et cessera, chaque jour, le chauffage des appareils à distiller quand le travail ne devra pas être continu.

Art. 19. — Le registre de mise en fermentation doit présenter, sans interruption ni lacune, et sans rature ni surcharge :

1° A l'instant même où le jus et les matières commencent à être versés dans la cuve :

Le numéro et la contenance de cette cuve;

La date et l'heure du commencement de l'opération;

2° A la fin du chargement de chaque cuve :

L'heure à laquelle le chargement est terminé;

Le poids des farines et celui des mélasses;

Le volume des jus et des matières macérées;

3° Quand la fermentation est terminée :

La date et l'heure auxquelles la fermentation a cessé;

4° A mesure que le contenu de chaque cuve de fermentation est mis en distillation :

La date et l'heure auxquelles on commence à extraire le liquide fermenté;

L'heure à laquelle l'extraction a cessé, et, le cas échéant, la quantité de liquide réservée pour un nouveau chargement.

Ce registre est fourni gratuitement par l'administration. Il doit être représenté à toute réquisition des employés, quand il est tenu par les distillateurs eux-mêmes.

Art. 20. — Les employés sont autorisés à constater la densité des jus et des matières macérées avant et après la fermentation, et à prélever, quand ils le jugent nécessaire, des échantillons sur les liquides fermentés destinés à la distillation, afin de les soumettre à l'alambic d'essai et de contrôler les déclarations de rendement en alcool.

Art. 21. — Les quantités d'alcool que représentent les liquides fermentés successivement introduits dans les appareils à distiller, d'après la quotité du rendement minimum déclaré par le distillateur, sont inscrites pour mémoire au compte général de fabrication.

Art. 22. — A la sortie des appareils à distiller, les flegmes sont dirigés dans les bacs jaugeurs mentionnés à l'article 8 ci-dessus.

Il est interdit d'introduire dans les flegmes, avant que la vérification et la prise en charge en aient été opérées par le service, aucune quantité de matières susceptibles d'en abaisser le degré alcoolique.

Art. 23. — Dans les usines soumises à la surveillance permanente, lorsque le distillateur veut retirer les flegmes des bacs jaugeurs, il en fait la déclaration aux employés.

Dans les établissements placés sous le régime de la surveillance intermittente, les flegmes contenus dans ces bacs ne peuvent en être extraits qu'à chaque visite des employés, l'intervalle entre deux visites ne devant pas, toutefois, dépasser quarante-huit heures.

Le robinet par lequel l'appareil à distiller est mis en communication avec le bac jaugeur doit être fermé avant toute vérification.

Dans les distilleries soumises à la surveillance intermittente, si les employés ne peuvent assister à la vidange du bac dont ils ont vérifié et pris en charge le contenu, la communication entre le bac et l'appareil à distiller n'est rétablie qu'à leur prochaine visite.

Aucun bac jaugeur ne peut être vidé que lorsqu'il est entièrement plein, sauf dans le cas d'interruption ou de cessation des travaux de distillation. Dans ce cas, le volume des flegmes est constaté au moyen des échelles graduées établies sui-vant les prescriptions du troisième paragraphe de l'article 8, les frac-tions d'hectolitre étant mesurées au dépotoir ou passées à la bascule quand les échelles ne sont graduées que par hectolitre. Si les indica-tions de ces échelles ne paraissent pas assez exactes, le service peut exiger l'emploi du dépotoir.

Toutefois, dans les établissements où la surveillance n'est qu'intermit-tente, les distillateurs peuvent pro-fiter de la présence des employés pour faire ouvrir les bacs jaugeurs, alors même qu'ils ne sont pas pleins, à la condition que la vérification des produits qu'ils contiennent n'exi-gera pas plus d'une heure et que, si elle n'est pas terminée dans ce dé-lai, les employés pourront remettre ces bacs sous clef.

En pareil cas, les flegmes extraits des bacs doivent être conduits di-rectement et sans désemparer, soit dans les récipients spécifiés au der-nier paragraphe de l'article 11 du présent règlement, soit dans les futailles dont la contenance a été préalablement constatée par le ser-vice au moyen du dépotoir; ces ré-cipients et ces futailles doivent être entièrement remplis.

Art. 24. — Les flegmes reconnus à la suite de chaque vérification opérée en exécution de l'article pré-cédent sont pris en charge au compte général de fabrication, pour la quan-tité d'alcool pur qu'ils contiennent.

Dans les établissements où s'opè-rent des rectifications, les quantités de flegmes mises en réserve pour être ultérieurement soumises à ces opérations sont, en outre, prises en charge au compte de magasin des flegmes.

Après chaque interruption des travaux de distillation et au moins à la fin de chaque trimestre, si les quantités d'alcool successivement prises en charge au compte général de fabrication sont inférieures au rendement minimum calculé comme

il est dit à l'article 21 ci-dessus, une prise en charge complémentaire est effectuée à ce compte.

Art. 25. — A leur entrée dans la distillerie, les flegmes et spiritueux quelconques provenant du dehors doivent être soumis à la vérification des agents de surveillance. Lorsqu'il n'y a pas permanence, les produits doivent être conservés intacts dans les vaisseaux qui ont servi à leur transport, pour être vérifiés à la première visite des employés, qui aura lieu dans un délai de vingt-quatre heures au plus.

A la suite de chaque vérification, le distillateur est tenu d'apposer sur les futailles, conformément à l'ar-ticle 14 du présent règlement, des marques et des numéros en suivant l'ordre non interrompu de la série.

Les spiritueux reconnus sont pris en charge au compte général de fa-brication. Les produits qui ne doi-vent pas être immédiatement recti-fiés sont, en outre, pris en charge au compte de magasin des produits à repasser, ou à celui des produits achevés, suivant le cas.

Art. 26. — Aucune quantité de flegmes ou d'esprit à repasser ne peut être introduite dans le rectifi-cateur sans que la déclaration en ait été faite par le distillateur.

La déclaration doit énoncer :

1° La nature, le volume et le degré des produits à repasser.

2° Le numéro et la marque des vaisseaux d'où ces produits doivent être extraits ;

3° La date et l'heure du charge-ment de l'appareil.

Cette déclaration doit être faite conformément aux dispositions de l'article 37 ci-après.

Toutefois, dans les établissements qui ne sont pas soumis à la surveil-lance permanente, le distillateur peut inscrire lui-même cette décla-ration deux heures au moins d'a-vance, sur un registre que l'admi-nistration lui remet gratuitement à cet effet, et qui doit être représenté aux employés à toute réquisition.

Si un employé est présent dans l'usine à l'heure fixée pour le chargement, il peut exiger que ce chargement soit effectué en sa présence et sans interruption.

Il est donné décharge, au compte de magasin, des quantités inscrites à ce compte, et qui sont introduites dans le rectificateur.

Art. 27. — A la sortie des appareils à rectifier, les produits de toute nature sont conduits dans des vaisseaux munis d'un indicateur à niveau, installé conformément aux prescriptions du premier paragraphe de l'article 8 ci-dessus.

Aucun prélèvement d'alcool ne peut être fait aux éprouvettes.

Les esprits imparfaits qui ne sont pas immédiatement dirigés vers le rectificateur pour y être repassées, séparément ou avec les flegmes, sont pris en charge au compte de magasin des produits à repasser. Les alcools achevés sont également pris en charge à un compte de magasin spécial.

Dans les usines où un détournement frauduleux d'alcool a été constaté par procès-verbal suivi d'une condamnation supérieure au minimum de l'amende encourue, les alcools achevés doivent être dirigés, en sortant des appareils à rectifier, dans des bacs jaugeurs installés comme le prescrit l'article 8. Dans ce cas, les dispositions de l'article 23 sont applicables.

Les mesures prescrites par le précédent paragraphe, seront également applicables en cas de détournement frauduleux d'alcool constaté par récidive, quelle qu'ait été la condamnation prononcée.

Art. 28. — Les résidus de la rectification impropres à un nouveau repassage sont pris en charge à un compte spécial :

1° Pour leur volume total ;

2° Pour leur degré apparent ;

3° Pour la quantité d'alcool pur qu'ils contiennent effectivement.

En cas d'expédition, ils sont accompagnés d'acquits-à-caution reproduisant cette triple indication.

Les quantités expédiées sont portées en décharge au compte spécial.

Les employés sont autorisés à prélever des échantillons de ces résidus toutes les fois qu'ils le jugent nécessaire.

TITRE III

DES PERTES MATÉRIELLES
DES DÉFICITS DE RENDEMENT ET DES
DÉCHETS DE RECTIFICATION.

Art. 29. — L'administration a la faculté d'accorder décharge des matières premières, des liquides fermentés ou des spiritueux dont la perte a été constatée par les employés, dans un procès-verbal dressé immédiatement, si l'établissement est soumis à la surveillance permanente, ou lors de la plus prochaine visite des employés, si la surveil- n'est qu'intermittente.

Art. 30. — Il est fait, au moins une fois par trimestre et, autant que possible, lorsque les appareils sont au repos, un inventaire général des produits de la distillation et de la rectification.

Les quantités d'alcool excédant la prise en charge au compte général de fabrication sont saisies conformément à l'article 100 de la loi du 28 avril 1816.

Les manquants que fait apparaître la balance de ce compte, après allocation de la déduction acquise au compte de magasin, sont immédiatement imposables.

Toutefois, le ministre peut donner décharge des manquants constatés sur la prise en charge au compte général de la fabrication, lorsqu'il est établi qu'ils proviennent de déficits de rendement ou de déchets de rectification. Cette charge n'est prononcée qu'après avis de la section des finances du conseil d'Etat, si le déficit ou les déchets dépassent 5 0/0 des quantités prises en charge

Art. 31. — Les employés peuvent arrêter, à toute époque, la situation du compte du magasin :

1° Des produits achevés ;

2° Des produits à repasser ;

3° Des huiles essentielles.

Le distillateur est tenu de faire le plein des tonneaux ou futailles, de manière que le service n'ait à opérer ses vérifications que sur un seul fût en vidange pour chaque espèce de produits.

Si la vérification fait ressortir un excédant, cet excédant est saisi conformément à l'article 100 de la loi du 28 avril 1816 ; si elle fait ressortir des manquants, ces manquants ne sont admis en décharge que jusqu'à concurrence de déduction annuelle fixée en exécution de l'article 6 de la loi du 20 juillet 1837. La déduction est calculée par campagne annuelle commençant le 1er octobre et finissant le 30 septembre suivant.

TITRE IV

DISPOSITIONS RELATIVES AUX DISTILLERIES AMBULANTES

Art. 32. — Aucun alambic mobile ne peut être mis en circulation ni stationner sur la voie publique, dans une cour non fermée ou dans un emplacement non clos n'appartenant pas au propriétaire de l'appareil, sans que la déclaration en ait été faite à la recette buraliste quarante-huit heures d'avance et sans que le conducteur soit muni d'un permis de circulation détaché d'un registre à souche et revêtu du timbre de la régie, conformément aux dispositions de l'article 243 de la loi du 28 avril 1816.

La déclaration et le permis de circulation doivent indiquer la capacité de l'alambic, le jour où commencera et celui où finira la mise en circulation de l'appareil et les communes dans lesquelles il doit être conduit.

Art. 33. — Le permis de circulation n'est valable que pour un mois au plus et pour les communes comprises dans la circonscription de la recette buraliste d'où il émane.

En cas de passage dans une autre circonscription de recette buraliste, il peut être échangé, sans condition de délai, contre un nouveau permis.

Le permis doit être représenté à toute réquisition des employés.

Les déclarations de distillation qui sont faites par les distillateurs ambulants ne sont reçues que sur la représentation du permis de circulation.

TITRE V

DISPOSITIONS GÉNÉRALES

Art. 34. — L'enlèvement des flegmes et des esprits de toute nature doit être déclaré conformémenl aux dispositions de l'article 37 ci-après.

Lorsque les employés sont présents dans la distillerie à l'heure fixée pour l'enlèvement, le chargement doit être présenté à leur vérification. Ces agents peuvent exiger que les spiritueux soient conduits au dépotoir et à la bascule. Ils doivent être mis à même d'opérer leur vérification pendant le jour.

Art. 35. — Un registre magasinier est tenu dans toutes les distilleries où l'administration le juge utile.

Les employés de la régie inscrivent sur ce registre la marque, le numéro d'ordre, la tare et le poids brut de chaque futaille, le volume et la force alcoolique des spiritueux. Ces indications sont reproduites sur une étiquette signée par les employés, qui la fixent sur l'un des fonds de chaque fût, et que le distillateur ne peut faire disparaître.

Toute transvasion doit être déclarée dans les mêmes conditions que les repassages relatés à l'article 26 ci-dessus.

Les dispositions du précédent paragraphe ne s'appliquent pas aux tranvasions nécessitées par des accidents dûment constatés.

Art. 36. — Pour le pesage et le

mesurage des matières premières et des produits de toute nature, lors des exercices, des recensements, des inventaires et de la vérification des chargements, au départ ou à l'arrivée, les distillateurs sont tenus de fournir les ouvriers, ainsi que les bascules ou balances, poids et ustensiles nécessaires.

Art. 37. — Les déclarations prescrites par les articles 4, 23, 26, 34 et 35 du présent règlement sont reçues par les employés quand les usines sont soumises au régime de la permanence, et par les receveurs buralistes quand la surveillance n'est qu'intermittente.

Ces déclarations doivent être faites au moins deux heures d'avance dans le premier cas, et six heures d'avance dans le second cas.

Art. 38. — A partir du 1er octobre 1878, le présent règlement sera mis en vigueur, et celui du 26 août 1876 cessera d'être exécutoire.

Art. 39. — Le ministre des finances est chargé de l'exécution du présent décret, qui sera publié au *Journal officiel* et inséré au *Bulletin des lois.*

Fait à Versailles, le 18 juillet 1878.

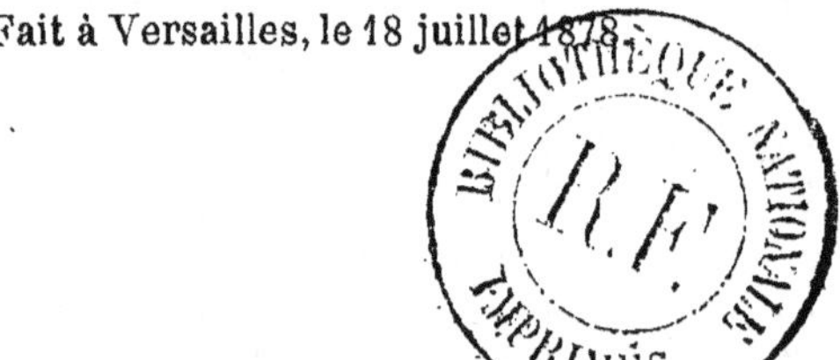

TABLE DES MATIÈRES

BULLETIN DES HALLES

FONDÉ EN 1846

JOURNAL QUOTIDIEN, PUBLIÉ LE SOIR APRÈS LA BOURSE DE PARIS

DIRECTEUR-ADMINISTRATEUR : CHARLES BIVORT

BUREAUX : 29, Rue de Viarmes, 29, — PARIS

Cote officielle et cours commerciaux de Paris ; dépêches télégraphiques et correspondances particulières des principaux marchés français et étrangers.

Dépêches chaque jour de Lille, Berlin, Stettin, Hambourg, etc.; dépêches chaque semaine de Cette, Béziers, Pézenas, etc.

Revue de la semaine chaque samedi.

ALCOOLS — VINS — MÉLASSES

Grains, Huiles, Sucres, Suifs, Fourrages, Bestiaux, Viandes, Beurres, Œufs, Fromages.

TARIF D'ABONNEMENT POUR LA FRANCE :

	1 an.	6 mois.	3 mois
Edition A), 7 numéros par semaine........	36 fr.	20 fr.	11 fr.
— B), 3 — —	28 —	15 fr.	8 —
— C), 2 — —	20 —	11 —	6 —
— D), 1 — —	12 —	7 —	4 —

Envoi gratis pendant huit jours à titre d'essai.

Pour s'abonner, envoyer mandat-poste ou valeur sur Paris.

CARTE DE LA FRANCE AGRICOLE
COMMERCIALE ET INDUSTRIELLE

PAR

CHARLES BIVORT

Cette carte, imprimée avec soin en huit couleurs, représente les neuf régions agricoles de la France, avec les anciens pays et provinces. Elle indique les principaux marchés aux grains, huiles, alcools et sucres; les lignes de chemins de fer ; les canaux, fleuves et rivières navigables; les parcours maritimes avec délais du trajet pour les principaux ports français et étrangers, etc.

Elle contient, en outre :

1o Le mouvement du commerce avec les pays étrangers : la valeur ou quantité des marchandises importées et exportées;

2o La statistique des grandes industries de France; leur centre d'exploitation, le nombre des ouvriers, la production totale;

3o La division du territoire de la France, la population, l'effectif du bétail, la surface consacrée à chaque produit agricole avec le rendement à l'hectare et la production annuelle, etc.

La grande carte est entourée de 12 cartes réduites pour les produits ci-après : **froment, seigle, orge, avoine, maïs, sarrasin, pommes de terre, colza, betteraves à sucre, vignes, prairies.** Ces cartes, de couleurs différentes, figurent la récolte 1876-1877 par départements, suivant une teinte graduée; elles indiquent le nombre d'hectares ensemencés, le rendement à l'hectare et la production de chaque département. Largeur, 1 m. 25 ; hauteur, 85 c.

Prix : Sur papier fort, **6 fr.**; sur toile avec baguette et vernie, **10 fr.**

Envoyer mandat-poste au Directeur du BULLETIN DES HALLES, 29, rue de Viarmes, à Paris.

Ajouter **2 fr.** pour recevoir franco de port et d'emballage en gare la plus rapprochée.

Paris. — Imprimerie Moderne (Wuttier, d¹⁹), rue J.-J.-Rousseau, 61.

www.ingramcontent.com/pod-product-compliance
Lightning Source LLC
LaVergne TN
LVHW021639170726
843501LV00007B/2301